AF226609

SUR:

LES TITRES

DE LA

DYNASTIE NAPOLÉONIENNE

GENÈVE. — Imp. et lith. VANEY, Rhône, 52.

SUR :

LES TITRES

DE LA

DYNASTIE NAPOLÉONIENNE,

PAR

GEORGES GRANDCLÉMENT

Factum est autem verbum Domini ad Samuel, dicens :

Pœnitet me quod constituerim Saül regem ; quia dereliquit me, et verba mea opere non implevit.

(REG. I , XV, 10-11.)

GENÈVE

GHISLETTY, LIBRAIRE-ÉDITEUR,

Quai des Bergues, 51.

1868

SUR :

LES TITRES

DE LA

DYNASTIE NAPOLÉONIENNE

I

DES TITRES DYNASTIQUES EN GÉNÉRAL.

Vers le milieu du mois de mars dernier, a été mise en vente une brochure sans nom d'auteur, sous ce titre : *Les titres de la dynastie napoléonienne,* et avec cette épigraphe : *vox Populi, vox Dei.*

Cette brochure n'est, à vrai dire, qu'une compilation de documents liés entre eux par quelques lignes et précédés de cette courte préface : « Nous avons eu la pensée de réunir dans une même publication les diverses manifestations de la volonté nationale qui, sous les deux Républiques et sous les deux Empires, ont fondé la dynastie Napoléonienne. Il nous a semblé que de ce rapprochement, curieux pour l'histoire, il pouvait sortir un grand enseignement politique. » Sa conclusion, encore plus brève, se trouve dans ces lignes : « De 1799 à 1804 Napoléon Ier a reçu dix millions de suffrages. De 1848 à 1852 Napoléon III en reçoit vingt millions. Trente millions de bulletins signés par le peuple français, voilà les titres de la dynastie Napoléonienne. »

Si je ne voyais pas au-dessous du titre, la signature de l'imprimerie impériale, si je ne trouvais pas dans le texte, le signe qui est, dans la typographie française, la marque destinée à faire reconnaître les imprimés sortis des presses de l'Etat, je croirais que cette brochure est le plus audacieux factum qui ait jamais été publié contre un gouvernement, surtout en lisant ces lignes qui précèdent la conclusion : « Mais ce qui résulte avant tout de cet exposé, c'est que six fois dans un demi-siècle, la dynastie Napoléonienne a reçu la consécration du suffrage national. L'oncle et le neveu ont parcouru le même cycle historique : l'un et l'autre ont tiré la France des abîmes ; acclamés chacun trois fois, ils ont passé par le pouvoir à temps, bientôt prorogé, et tous les deux se sont assis sur un trône qu'ils ont trouvé vacant. Le Consulat et la Présidence ont abouti également à l'Empire.... (*Les Titres* etc., pp. 5, 40 et 41.)

Que veulent dire ces phrases d'autant plus sonores qu'elles sont plus creuses ? Le Peuple français, six fois appelé à formuler explicitement sa volonté, a donné trois fois son approbation aux actes d'un soldat heureux et trois fois a déclaré qu'il accordait sa confiance au neveu de ce soldat et le voulait pour chef. Mais le Peuple français n'a-t-il été appelé que six fois à exprimer sa pensée ? Sans remonter à plus d'un siècle, n'y a-t-il pas eu consentement implicite de sa part, quand il a laissé renverser le vieil édifice sous lequel s'abritaient la Noblesse et le Clergé ? quand il a laissé conduire Louis XVI à l'échafaud ? On s'imagine, sur l'affirmation de quelques écrivains superficiels, que la chute des Girondins, celle de Danton, celle de Robespierre, ont été l'œuvre de quelques brouillons, de quelques ambitieux secondés, pour le moment, par une partie de la population parisienne, et on veut croire que le reste de la Nation se laissait balloter, comme une masse inerte, d'un despotisme à un autre. Les deux chutes, si rapprochées l'une de l'autre, de Napoléon sont mises sur le compte de la trahison de quelques lieutenants et de la coalition de l'étranger, en dépit du retour triomphant de l'Ile d'Elbe, qui reste inexpliqué. Les Révolutions de Juillet et de Février sont l'œuvre de l'héroïque population parisienne, tandis que les émeutes qui ont ensanglanté Paris et Lyon, sous le règne de Louis-Philippe, sont mises sur le compte de quelques conspirateurs ; parce qu'on ne veut pas avouer que les premières ont réussi grâce à l'approbation de la Nation, comme sa conduite le montrait ensuite, et que les autres ont échoué devant sa désapprobation muette. Chose étrange! il est devenu de mode, dans un certain monde, de déclamer contre l'immense centralisation qui écrase la France ; et il n'est pas un seul de ces ennemis de la centralisation qui cherche sérieusement et loyalement, quelle peut avoir été, sur des événements qui n'ont pu avoir que Paris pour théâtre, la part d'influence du reste de la France.

Si l'auteur des phrases qui relient entr'elles les différentes parties de la compilation intitulée : *Les titres de la dynastie napoléonienne*, s'était soustrait à la fascination que Paris exerce sur de puissants génies et, à plus forte raison, sur des esprits médiocres, et s'était dégagé des préjugés qui en résultent ; il aurait vu que les événements politiques qui ont lieu à Paris ne sont que la manifestation de la volonté de la Nation tout entière, et qu'il n'est nul besoin de convoquer celle-ci dans ses comices et de lui donner l'option entre deux ou trois bulletins pour savoir ce qu'elle en pense. — Il serait préférable sans doute, qu'au lieu d'attendre une crise sanglante à Paris, on eût recours au vote du Peuple français; mais il est douteux, dans l'état des choses, que ce procédé fournisse un résultat bien clair. L'énoncé de la question, chose qui est loin d'être facile, pourrait donner ample matière à discussion, d'où résulterait sur le sens du vote, une incertitude qui le rendrait sans portée. Dans le cas où elle serait appelée à formuler sa pensée par le choix d'un candidat entre plusieurs, la Nation pourrait bien s'exprimer, comme au 10 Décembre 1848, d'une façon énigmatique pour tous, même pour l'élu.

Et pourtant je serai le dernier à nier la validité des titres produits dans la brochure. Mon respect pour la volonté nationale, surtout quand elle est exprimée à l'aide du suffrage universel, m'en fera toujours accepter les décrets, quelle que soit leur opposition à mes idées, à mes sympathies, à mes aspirations.

Qu'on ne vienne pas me dire qu'après le 2 Décembre, comme après le 18 Brumaire, le Peuple n'était pas libre, que sa liberté n'était qu'illusoire lors du vote pour le rétablissement de l'Empire en 1852, comme lorsqu'il était question du Consulat à vie et de la création de l'Empire, en 1802 et en 1804. Un pareil argument n'est bon que dans la bouche et sous la plume de ceux qui s'imaginent que lorsque les émeutes des Parisiens en Juillet 1830 et en Février 1848, ont mis en fuite deux souverains, la *Province*, comme ils l'appellent, n'avait qu'à s'incliner et à accepter les révolutions dont la gratifiaient les héroïques habitants de la *Capitale*. En quoi consisterait donc la liberté des Français, si une poignée de Parisiens pouvait leur imposer sa volonté !

Je veux bien croire qu'en 1800, en 1802, en 1804, comme en 1851 et 1852, la Nation n'avait pas l'embarras du choix, et n'avait rien de mieux à faire que de sanctionner par son approbation les changements survenus ; si celui qui se chargeait de la rude tâche de diriger ses destinées, lui demandait une prolongation de pouvoir ou un changement de titre, ce n'était pas pour si peu qu'elle devait lui retirer son mandat. Mais mettre en doute la liberté d'une nation de trente millions d'âmes, renommée depuis des siècles pour sa fierté et pour l'insouciance avec laquelle elle affronte les dangers; oser prétendre qu'elle se courbe lâchement devant celui qui a l'audace de s'emparer de l'autorité : c'est l'accuser d'une couardise dont les autres nations la savent incapable.

Si l'on veut argutier et faire valoir qu'en 1851 et en 1852, la Nation était domptée par des forces militaires, civiles, administratives, judiciaires, religieuses même, parfaitement organisées, et que dans ces conditions elle n'était pas complétement libre ; je répondrai qu'en 1848, sous la pression des mêmes forces, elle a rejeté le candidat qu'on lui présentait pour donner une écrasante majorité à un homme auquel naguère pensaient bien peu ceux qui s'imaginaient dominer l'opinion et la volonté nationales. S'il y a eu couardise quelque part, en 1851 et en 1852, c'est bien chez ceux qui avaient voté en 1848 pour le général Cavaignac, et qui venaient se rallier à la majorité de 1848, lorsque son élu manifestait enfin l'énergie qu'elle attendait de lui (sans trop y compter toutefois ni l'exiger), comme le montra son vote approbatif. De quel poids eût pesé leur vote, si cette majorité, sacrifiant l'utilité du but à l'illégalité du moyen, avait condamné le coup d'Etat du 2 Décembre 1851 ?

Je veux bien encore, par hypothèse, admettre les honteuses explications de ceux qui viennent après coup, protester contre les votes de 1800, de 1802, de 1804, de 1851, de 1852, et en nier la sincérité et la validité. — Concession qui me forcerait à reconnaître que la féodalité a été abolie exclusivement par la volonté de l'Assemblée nationale (laquelle avait déjà accumulé illégalités sur illégalités pour arriver à ce décret), dans la nuit du 4 Août 1789 ; que la journée du 10 Août est l'œuvre exclusive de quelques factieux que l'Assemblée législative ne put qu'approuver ; que les journées du 31 Mai sont dues exclusivement à la rancune de Danton contre les Girondins ; que la chute de Danton n'a pas d'autre cause que l'ambition de Robespierre ; que la chute de Robespierre est due à quelques Conventionnels que la peur rendit courageux, etc., etc. — Je leur demanderai encore pourquoi, selon eux, Louis-Napoléon Bonaparte a été nommé Président de la République, en 1848, par cinq millions et demi de citoyens. Où était la force, aux 10 et 11 Décembre 1848, et dans quel sens sa pression s'exerçait-elle ? Les cinq autres votes fussent-ils entachés de violence, de fraude, de tout ce qui constitue l'illégalité la plus flagrante ; il resterait encore ce vote qui seul, peut constituer pour son élu, un titre à l'autorité, qu'aucun autre n'égale.

Mais si celui qui a imaginé de fouiller les registres des votes de la Nation française et d'en extraire les chiffres qu'il présente comme les titres de la dynastie napoléonnienne, s'est cru autorisé à s'en tenir à cette exhibition ; je ne me sens pas dans la même situation que lui et je crois devoir justifier mon opinion, sauf à ne pas reculer devant les conséquences. — C'est même cet étalage de chiffres qu'on appelle des titres, sans justification de leur valeur, sans interprétation de leur sens, qui me fait voir, dans leur compilation, un pamphlet contre l'Empereur et non une défense de la légitimité de son pouvoir.

Si nombreux, en effet, qu'aient été les citoyens français qui ont voté pour Louis-Napoléon Bonaparte, en 1848, qui ont approuvé le coup d'Etat et le rétablissement de l'Empire ; leur suffrage n'a de valeur, pour le bénéficiaire, qu'autant que celui-ci peut prouver qu'il en a compris le sens, qu'il sait ce qu'ont voulu ceux qui ont voté en sa faveur, et qu'il justifie par ses actes qu'ils ne se sont pas trompés en mettant en lui leur confiance. Tant que ces conditions ne sont pas remplies, les titres sont lettres mortes, et peuvent aussi bien servir de base à un acte d'accusation contre leur détenteur qu'être utilisés pour sa justification. En matière de titre, le nombre des signataires ne prévaut pas contre la preuve bien établie de leur illégitimité ; il n'y a pas besoin d'être un jurisconsulte pour savoir cela. Et quand le titre ne fait que confier un mandat à accomplir, comme dans le cas présent, il y a lieu à exercer contre le mandataire infidèle l'application de l'article 2003 du Code Napoléon ; et à défaut de tribunal compétent et de force publique, celui qui a donné le mandat peut toujours en exiger par lui-même la restitution, et n'est pas embarrassé pour le faire.

Qui oserait aujourd'hui soutenir que le peuple qui a fait la révolution de 1789 et est sorti victorieux des rudes épreuves qui l'ont suivie, peut donner un blanc-seing sur lui-même? abandonner à un homme toute autorité sans conditions? Cela jure avec le bon sens! Napoléon Ier et Napoléon III eux-mêmes n'y ont pas songé ; j'en prends à témoin les préambules pompeux de leurs propres constitutions. Mais ces conditions, puisqu'elles ne peuvent pas ne pas exister, quelles sont-elles? Là est la question! — Tant qu'elles ne seront pas connues, le mandataire sera exposé à se voir retirer son mandat, sans se douter seulement de la nature de sa faute ; ce qui est arrivé à plusieurs déjà, à Napoléon Ier, par exemple, et peut parfaitement arriver à d'autres.

Accumulez donc chiffres sur chiffres, votes de 1800, de 1802, de 1804, de 1848, de 1851, de 1852 ; arrivez au chiffre de trente millions de suffrages, même en négligeant les votes en faveur de l'Acte additionnel de 1815, en ne mettant pas en relief les votes du Peuple en faveur des candidats officiels au Corps législatif, en 1852, en 1857, en 1863, etc.; tant que vous n'aurez pas compris dans quelle pensée ces votes ont été donnés, quels sont la nature et l'objet du mandat qu'ils signent avec tant de persistance, vous serez toujours exposés à le voir retirer à l'improviste et à une chute effrayante.

Le pis, dans cette affaire, c'est que le peuple français a les allures d'un maître impérieux et altier. Il ordonne sans donner ses motifs, et malheur au serviteur qu'il a choisi, s'il ne comprend pas sa pensée et s'il n'exécute pas ses ordres avec intelligence et fidélité. *Patiens quia œternus,* plein de confiance dans son avenir, comme tous les peuples, il ne manque pas de longanimité, mais sa justice est d'autant plus terrible qu'elle s'est fait attendre plus longtemps.

C'est donc dans l'intime conviction de rendre un service signalé au détenteur des titres de la dynastie napoléonienne, si toutefois il n'est pas trop tard, que j'entreprends de donner une interprétation des votes de la nation française, dans les six occasions fameuses où elle se prononça pour deux hommes portant le même nom. Ce que n'a pas osé ou n'a pas su faire leur compilateur, à qui n'en devaient pourtant manquer ni l'autorisation ni les moyens, je l'essayerai sous ma propre responsabilité. Si je ne me suis pas trompé : puisse l'Empereur des Français en avoir connaissance et en tirer tout le profit possible ! si au contraire je suis dans l'erreur : ma voix n'a pas assez de force pour compromettre la solidité de l'édifice impérial ; elle se perdra dans les mille bruits qui se succèdent et frappent inutilement l'air. Je souhaite que quelque penseur, en cherchant la cause et l'origine de mes erreurs, ait le bonheur de trouver avec leur réfutation, la véritable explication des faits sur lesquels je me serai trompé. Ce sera un service éminent qu'il rendra et dont je ne serai ni le premier, ni le seul à lui savoir gré.

Dans un titre dont on se prévaut pour posséder, demander ou faire quelque chose, il y a beaucoup de choses à considérer : d'abord, le but ou l'objet pour lequel il a été créé ; puis, les causes et les circonstances de sa création ; puis encore, les droits de celui ou de ceux qui le créent ; enfin la capacité, les qualités de celui ou de ceux en faveur de qui il a été créé. La forme, la teneur, les termes du titre ne viennent qu'après ; on comprend que là manifestation matérielle varie avec les raisons d'être du titre. Entre le titre qui constate un contrat passé entre particuliers, sous la protection des lois et sous la garantie de la Société, et celui qui sert à établir un droit à gouverner un peuple, on ne peut pas demander identité ou similitude de formes. Et, quand il y a des différences énormes entre les titres qui servent aux particuliers à constater les droits respectifs qui naissent de leurs conventions, il ne faut pas s'étonner s'il n'y a aucune ressemblance entre les titres de pouvoirs d'origine et de nature différentes : si, par exemple, les titres de la dynastie napoléonienne ne rappellent en rien ceux de la dynastie capétienne ; s'ils en diffèrent tellement dans leur forme, qu'aucune comparaison entr'eux ne semble possible à première vue, et soit, par suite, tenue pour absurde.

Or, comme d'une part, les titres analogues à ceux dont se prévaut la postérité d'Hugues Capet pour gouverner la France, sont aujourd'hui encore ceux de presque toutes les familles régnantes de l'Europe, que par suite, leur crédit est beaucoup mieux établi dans l'opinion publique, et qu'ils doivent à une habitude de plusieurs siècles, une faveur qui leur crée comme une authenticité incontestable ; que d'autre part la comparaison avec ces titres antiques me permettra de mieux faire apprécier la valeur des titres si récents de la dynastie napoléonienne : je crois devoir commencer par discuter la nature, l'origine et l'objet des titres sur lesquels les Capétiens basent leurs prétentions au trône de France. A ceux qui trouveront cette étude superflue, je demande pardon de n'être pas de leur avis : quand il s'agit de vérifier la légitimité des titres de la dynastie qui préside actuellement aux destinées de la France et n'est pas sans influence sur celles de l'Europe, quand il s'agit aussi de justifier les votes formels de deux générations de Français, on ne saurait trop solidement jeter les bases de son argumentation.

II

DES TITRES DE LA DYNASTIE CAPÉTIENNE.

Les historiens font, en général, remonter les titres de la dynastie capétienne à l'établissement des Francs dans les Gaules et à l'acceptation de leurs chefs, pour rois, par la population de ce pays. Il est évident qu'il fallut la chute de l'Empire romain dans l'Occident, pour que quelques-unes des hordes barbares qui se ruèrent sur son vaste territoire, s'y soient établies à poste fixe et en toute indépendance; pour qu'elles aient pu y faire consacrer par le temps leur prépondérance; pour qu'elles aient pu imposer leurs chefs aux populations qui y vivaient auparavant sous le joug de Rome, et en faire enfin la souche de souverains désignés sous diverses dénominations. Il est fort présumable que s'il eût résisté à l'invasion du IVᵉ siècle et eût continué ensuite à repousser celles qui lui auraient succédé, l'Empire romain subsisterait encore de nos jours, et que, par conséquent, les dynasties mérovingienne, carolingienne, capétienne, et bien d'autres, n'auraient pas eu de raison d'être. L'établissement des Francs dans les Gaules pourrait bien être revendiqué avec quelque raison par la dynastie mérovingienne qui l'avait commencé et amené à un certain degré de consistance, et par la dynastie carolingienne qui lui avait assuré la stabilité; mais si l'on veut donner la même base aux titres de la dynastie capétienne, il est très-facile de prouver que la dynastie napoléonienne peut également la revendiquer. Le succès de l'invasion du IVe siècle et l'établissement des Francs n'a pas été moins nécessaire à l'une qu'à l'autre de ces dynasties.

Mais il reste un fait acquis à l'histoire, c'est que la dynastie mérovingienne a cédé la place à la dynastie carolingienne, et que celle-ci à son tour a été remplacée par la dynastie capétienne. Il est certain que ces changements de races souveraines n'ont pas eu lieu sans causes graves, ni sans révolutions; c'est ce que les monuments historiques attestent autant que le permettent leur nature et leur état de conservation. La chute de la seconde race a dû même remuer la société bien profondément, puisque l'on voit le nom de *Francs* disparaître à la longue sous la troisième, pour être remplacé par celui de *Français*, que l'amour-propre national a le tort de vouloir lui identifier.

L'étude seule des causes qui ont amené ces changements de dynasties, et des circonstances dans lesquelles ils ont eu lieu, peut fournir la justification de leur utilité et de leur opportunité. Elle peut en même temps montrer si les conditions économiques et politiques de la société, lors de l'avènement d'une dynastie ont persisté et justifient, chez ses représentants successifs, la prétention de se guider sur elles, dans leur conduite; si elles ont éprouvé des changements; si ces changements sont assez grands pour imposer une nouvelle ligne de conduite; si même ils sont devenus tels que la dynastie par suite même de

son avènement au trône ne peut s'y maintenir et doit y renoncer.

Ce n'est pas ici le lieu de discuter à fond tous les événements,
toutes les causes qui ont amené l'avènement et la chute tant
des Carolingiens que des Capétiens, de faire étalage d'érudi-
tion en analysant les monuments historiques qui les consta-
tent ; ce serait faire perdre du temps aux lecteurs à qui je
m'adresse. — Quant aux savants qui veulent qu'on leur dé-
roule les parchemins, je les prie d'attendre que j'aie le temps
de me livrer à cette besogne; je me ferai alors un vrai plaisir
de les satisfaire et de leur prouver que je ne m'aventure pas à
émettre sans preuves des opinions qui sortent de la routine. —
Pour le moment, je me bornerai à exposer aussi brièvement
que possible les titres de la dynastie capétienne, ce qui me permettra de donner incidemment un aperçu de ceux de la dynastie carolingienne.

Le vaste empire que le génie de Charlemagne avait créé
n'eut qu'une courte durée qui fait avec quelques raisons l'étonnement des historiens. La réunion, sous un même sceptre, de
toutes les populations à qui la religion chrétienne servait de
lien moral et même physique, paraît avoir été, à cette époque,
tellement conforme à leurs intérêts, que l'on ne peut s'imaginer pourquoi cette unité fut anéantie, et pourquoi son expression matérielle, la dynastie carolingienne, put à peine subsister deux siècles après la mort de son plus glorieux représentant.

On parle bien du manque de cohésion entre les divers peuples d'origine barbare ou autre, qui étaient englobés sous la
domination de Charlemagne, et on part de là pour affirmer l'impérieux besoin d'une volonté énergique et d'un bras de fer pour
les maintenir dans l'obéissance. — Pour réduire cette explica-

tion à sa juste valeur, je ferai remarquer que le pouvoir de Charlemagne (et, par suite, de ses successeurs) sur les peuples de son
empire, ne peut qu'être assimilé à celui du chef d'une confédération. Chacun de ces peuples avait ses lois propres auxquelles
il obéissait et que respectait le souverain : le coup-d'œil le plus
superficiel sur la collection des Capitulaires en fournit la preuve.
D'autre part, après quatre siècles consumés en guerres conti-
nuelles pour s'établir où ils se trouvaient au moment de la mort
de Charlemagne, ces peuples devaient sentir le besoin du repos
et de la paix pour résister à de nouveaux envahisseurs et
prendre racine sur le territoire qu'ils occupaient. La rupture
définitive entre l'Eglise d'Occident et celle d'Orient (rupture
consacrée par le dépôt de la couronne d'Occident sur la tête de
Charlemagne, et dont les conséquences furent peut-être plus
graves au point de vue politique qu'au point de vue religieux)
avait plongé dans un isolement complet toutes ces populations à qui l'Eglise romaine servait de point de ralliement.
C'était donc encore pour elles une raison de rester unies, d'autant plus que la reconstitution de l'Empire d'Occident sous l'autorité d'un chef barbare avait eu pour effet de mettre fin aux
antipathies séculaires qui divisaient les barbares envahisseurs
et les populations romaines. Le règne de Louis-le-Débonnaire
montre combien ce besoin de paix était senti par les populations, puisqu'elles ne secouèrent pas le joug de ce prince à qui
l'histoire n'a pas fait une grande réputation de fermeté.

La cause uniforme des guerres qui ensanglantèrent le règne
de ce prince et celui de ses successeurs, et dont le résultat dé-
finitif fut la dissolution de l'Empire de Charlemagne et avec lui
l'anéantissement de sa dynastie ; cette cause qui consiste dans
le partage de l'Empire entre les héritiers du souverain après
chaque décès, a besoin d'être étudiée dans ses origines pour que
l'inévitable résultat en soit compris.

A la mort de Clovis, ses fils se partagèrent suivant les lois des Francs, l'héritage qu'il leur laissait, ce que l'on appelait les *alleus*, lesquels comprenaient aussi bien les propriétés foncières que les biens meubles. Dans cet héritage n'était pas comprise, malgré ce qu'ont écrit des historiens trop superficiels, l'autorité souveraine sur les Francs dont la confédération continuait à subsister dans son intégrité. L'influence que donnait à chacun des héritiers l'immense richesse qui lui revenait du partage, créait seulement en sa faveur, dans le territoire où se trouvaient ses propriétés foncières, une prépondérance marquée sur les autres chefs francs ou barbares. Cette influence était accrue par la mise en pratique d'une coutume que l'on trouve chez les anciens Romains, sous le nom de *clientelle*, que Jules-César et Tacite signalent sous le même nom, chez les Gaulois et les Germains, qui se perpétua bien tard encore puisqu'on la retrouve sous les Carolingiens et même sous les premiers Capétiens, où elle prend le nom de *recommandation* ou de *commendise*, pour devenir enfin le *fief de command*. Cette coutume consistait en ce que les individus, propriétaires ou non, et les collectivités, comme les cités romaines, les tribus barbares, se mettaient sous la protection d'un voisin, ordinairement chef de tribu, dont la puissance, qu'ils accroissaient par leur concours, leur semblait capable de leur assurer ce qu'ils lui demandaient : c'est-à-dire que les cités romaines et les petits propriétaires barbares lui demandaient la sécurité pour la jouissance de leurs biens, tandis que les aventuriers sans fortune, qui venaient incessamment du fond de la Germanie, isolément ou en petites bandes, lui demandaient une solde qui se bornait à une nourriture et un logement fort peu luxueux en temps de paix, auxquels s'ajoutait une part des dépouilles en cas de guerre heureuse.

Ces partages entre les fils, renouvelés à la mort de chaque

chef, étaient désastreux pour les pays où ils se faisaient; et ils l'étaient d'autant plus que le chef décédé avait été plus puissant. On peut facilement s'imaginer le mal qu'ils causaient quand il s'agissait du partage de l'hoirie du chef de la confédération des Francs. Chacun des héritiers entendait hériter exclusivement de l'autorité sur la confédération; il en résultait, après quelques jours de paix apparente, des guerres fratricides soutenues à l'aide de tous les aventuriers que l'on avait recrutés en hâte et que les historiens désignent par les noms d'*antrustions, leudes* ou *fidèles*.

Cette inqualifiable manière d'être des Francs est pourtant une des causes qui assurèrent leur établissement dans les Gaules et à la fin leur prépondérance sur toutes les autres tribus barbares plus puissantes qu'eux au début. — La certitude pour les jeunes Germains d'y trouver toujours un chef disposé à les recevoir dans sa troupe et à récompenser largement leur valeur, les faisait affluer incessamment chez les Francs, chez qui s'entretenait ainsi une vigueur qui s'éteignait chez les autres barbares établis dans l'Empire. Lorsqu'il n'y avait plus lieu à guerres fratricides, on utilisait ces aventuriers à d'autres exploits.

Après que plusieurs partages suivis de leurs guerres inévitables, eurent abouti aux mêmes résultats et eurent fait craindre leur renouvellement indéfiniment périodique; les évêques chrétiens, chargés de l'administration des populations gallo-romaines, pour qui ces guerres étaient une cause permanente de ruine, essayèrent de les faire cesser et usèrent dans ce but de toute leur influence. Sur les descendants de Clovis et sur les Francs établis dans la Neustrie, dont les mœurs étaient adoucies par un contact plus fréquent avec les Romains, leurs tentatives eurent quelques succès; mais les Francs Ostrasiens n'entendirent pas laisser accomplir une révolution qui menaçait de les faire rester sur les rives du Rhin, où ils semblaient n'être que pour attendre les demandes d'hommes disposés à vendre leur sang. Il s'en suivit une guerre où les Neustriens furent finalement vaincus et obligés d'abandonner leurs projets de réformes politiques ; les Ostrasiens remplacèrent même la dynastie mérovingienne par une dynastie dont un de leurs chefs fut le fondateur.

Le maintien du partage de l'héritage entre les fils du souverain décédé fut donc la manifestation nécessaire du triomphe des Francs Ostrasiens. Il n'y eut peut-être entre ces partages et ceux exécutés entre les descendants de Clovis, qu'une différence, c'est qu'ils comprirent avec les alleus, la souveraineté sur le territoire dont ils n'occupaient qu'une partie ; encore n'est-il pas certain que cette innovation n'ait pas eu lieu lors des partages des derniers Mérovingiens.

Tous les premiers Carolingiens se sont conformés à cette loi, et ce n'est que grâce à des guerres ou des hasards imprévus, que la souveraineté sur les Francs est longtemps revenue entre les mains d'un seul chef. Malgré l'immense pouvoir qu'il avait su conquérir, malgré le titre indivisible d'Empereur d'Occident, Charlemagne ne se crut pas assez fort pour enfreindre cette loi. Son testament *(capitulare primum anni 806)*, si remarquable à tant de titres, contient un partage de ses Etats entre ses trois fils ; et la mort de deux d'entr'eux ne suffit pas pour faire un seul héritier, puisque l'Italie fut le lot d'un petit-fils du restaurateur de l'Empire d'Occident.

Louis-le-Débonnaire, cédant aux conseils de gens qui espéraient lui voir exécuter avec succès ce que son père n'avait pas osé tenter, essaya, dans un premier partage *(charta divisionis Imperii, data anno 817)*, de porter atteinte à ce principe sur lequel était fondée sa dynastie ; il prétendit même y soumettre son neveu qui protesta vainement et paya de sa vie la revendication de ses droits. Ce succès ne fut qu'éphémère, et vingt ans après, Louis fut obligé de revenir au système du partage absolu, dans un second partage *(charta divisionis Imperii, data anno 837)* qui est la copie fidèle du testament de Charlemagne, et n'en diffère que par la délimitation des provinces attribuées à chacun de ses trois fils.

A partir de ce moment, ce vaste empire ne se retrouva jamais sous l'autorité d'un seul souverain, et ses divisions successives amenèrent, en même temps que sa dissolution, la déchéance de la dynastie carolingienne. Une seule institution subsista, ce fut le titre d'Empereur; encore subit-elle de nombreuses modifications dans sa nature et dans sa forme, pour persister jusqu'à nos jours. Il n'entre pas dans mon plan d'en discuter ici les causes.

Cette loi absolue du partage de l'hoirie, qui est le caractère essentiel de la propriété allodiale, dont l'extension, des biens patrimoniaux aux droits de souveraineté, devint un des principes fondamentaux de la dynastie carolingienne, n'est certainement pas la cause unique de sa ruine; il y en eut d'autres qu'il serait trop long d'exposer ici, mais elle en fut, en même temps qu'une cause énergique, un instrument puissant et peutêtre indispensable.

En même temps qu'une loi d'Etat inviolable enlevait, par les partages incessants qu'elle imposait, toute stabilité à la dynastie carolingienne et détruisait toute la confiance qu'on pouvait avoir en elle, se manifestaient les effets d'une institution de Charlemagne, qui devait hâter la ruine de sa dynastie et lui procurer des héritiers. Je veux parler des *fiefs*.

Pour suffire à l'administration de son empire, Charlemagne avait dû le partager en provinces, à la tête desquelles il avait mis des gouverneurs, fonctionnaires investis de l'autorité civile, militaire et judiciaire, quelquefois même religieuse. Les salaires de ces fonctionnaires consistaient dans les revenus de propriétés foncières, détachées du domaine national. Ce sont ces propriétés affectées à cette destination spéciale qui prirent les premières le nom de *fiefs*.

Presque tous ceux, historiens et légistes, qui ont écrit sur les *fiefs* et sur leur origine, ont affecté de confondre les fiefs carolingiens avec les bénéfices mérovingiens. Quoiqu'ils aient été indifféremment désignés, par le même nom, dans beaucoup de cas, par les contemporains, il y avait cependant entr'eux une grande différence que je tiens à signaler ici. Les libéralités que les chefs mérovingiens faisaient à leurs *antrustions, leudes,* ou *comites*, pour récompenser leurs services, avaient tout le caractère de celles que les chefs germains faisaient à leurs compagnons d'armes, au rapport de Tacite. Après avoir consisté en armes, en chevaux, en objets précieux, elles subirent des transformations en rapport avec les changements survenus dans les conditions mêmes des chefs mérovingiens. Lorsque ceux-ci se décidèrent à se fixer sur le sol où ils ne trouvaient plus rien à enlever, et à s'adjuger la propriété de vastes terrains, leurs libéralités consistèrent dans la concession temporaire d'abord, puis viagère, et enfin héréditaire de parties de ces terrains. Il est inutile d'expliquer que tant que ces concessions furent temporaires et même viagères, il n'était question que des revenus, et que ce ne fut qu'après être devenues héréditaires que la propriété à titre universel en fut concédée. Mais ce qui n'a pas été signalé, c'est que ces concessions étaient faites pour un service rendu, et non pour un service à rendre; elles appartenaient, non à la fonction, mais à l'individu. Aussi, lorsque les bénéfices ou les libéralités foncières des mérovingiens devinrent héréditaires, ils furent soumis au partage entre les héritiers, c'est-à-dire au régime des alleus, avec lesquels ils se confondirent.

Il n'en fut pas de même pour les propriétés foncières affectées au service du salaire des fonctions créées par Charlemagne et ses successeurs ; elles n'appartinrent pas à l'individu, mais bien à la fonction, et en suivirent le sort, passant avec elles à celui qui en était revêtu. Ces propriétés étaient donc indivisibles, ou ne se divisaient qu'avec la fonction elle-même.

La difficulté de trouver des gens capables de remplir les fonctions, dificulté due à l'état de la civilisation, à la misère et à l'ignorance générale, rendirent peu à peu ces fonctions héréditaires et en firent en quelque sorte la propriété de certaines familles. Les biens-fonds qui en étaient le salaire, suivirent le même sort et devinrent patrimoniaux, tout en conservant le nom de *fiefs* et surtout leur indivisibilité comme un stygmate ineffacable de leur raison d'être. C'est de là que naquit le droit de primogéniture féodal, bien différent, comme on le voit, du droit de primogéniture patriarcal, avec lequel on a voulu le confondre. De là aussi est née, disons-le en passant, toute la jurisprudence du régime féodal, relative à l'hérédité.

Les fonctionnaires des Carolingiens, sous les titres divers de ducs, comtes, marquis, etc., arrivèrent donc, grâce à l'hérédité des fonctions et des fiefs-salaires, à constituer, en face de leurs légitimes souverains, un corps puissant et doué de meilleures conditions de stabilité que celles de leur famille soumise à la loi du partage. Les conséquences ne tardèrent pas à se manifester, grâce surtout à l'usage de la *recommandation* dont j'ai déjà parlé. Ceux qui, dans ces temps de troubles, éprouvaient le besoin de se mettre sous un patronage, trouvèrent plus avantageux pour eux, celui des gouverneurs de leur province et s'y soumirent. Il est plus que probable que, dans les premiers temps, on ne se *recommandait* à ces fonctionnaires que comme représentants du pouvoir central, dont ils étaient une émanation. Mais lorsque ceux-ci engagèrent la lutte avec la famille carolingienne, ils prétendirent que c'était à eux personnellement qu'on s'était recommandé et non à la famille souveraine par procuration ; s'étant trouvés assez forts pour imposer leur volonté, ils tournèrent ainsi contre leurs souverains légitimes, les forces qu'ils n'avaient réunies que comme leurs mandataires.

Plus tard, et à la longue, les biens de ceux qui s'étaient recommandés à eux, ou, si l'on veut, qui s'étaient mis sous leur patronage, dans leur vasselage, furent soumis à la loi d'hérédité qui régissait les fiefs-salaires, au droit de primogéniture, et constituèrent sous le nom de *fiefs de command,* *bénéfices de reprise,* une nouvelle espèce de biens féodaux dont le nombre considérable servit à fortifier le système féodal tout entier. Il arriva même que ceux qui avaient sous les Mérovingiens et même les Carolingiens, le droit de se recommander à qui leur plaisait, de changer de patron, suivant leur volonté, se virent retirer entièrement ce droit à eux et à leur postérité, et durent rester attachés au patron, au suzerain issu de l'ancien fonctionnaire dans le ressort administratif duquel se trouvait leur propriété *inféodée en command.* Quant aux propriétés qui conservèrent le caractère allodial, elles tombèrent en discrédit par suite du triomphe du système féodal, et reçurent le nom de terres de *roture (rupturi erant heredes hereditatem).*

Lorsqu'enfin les partages sans cesse renouvelés entre les descendants de Charlemagne, eurent affaibli leur autorité, et que les guerres qui en naissaient eurent, en épuisant la nation, démontré leur incompatibilité avec la constitution d'un régime économique supportable ; il ne fut pas difficile aux fonctionnaires féodaux, aux grands feudataires, de faire espérer de leur part une administration meilleure, si la cause incessante des troubles, la dynastie carolingienne, était supprimée. Leur coalition favorisée par de nombreuses causes qu'il est inutile d'énumérer ici, eut promptement raison des derniers descendants de Charlemagne, et chacun d'eux s'établit dans son gouvernement, en pleine indépendance et souveraineté, sauf un semblant de respect au Pape, chef spirituel, et à celui qu'ils nommèrent Empereur, chef militaire. — Parmi ces feudataires ou vassaux rebelles, parmi ces valets qui prenaient la place de leurs maîtres, se trouvait Hugues Capet, le fondateur de la dynastie capétienne.

Tels sont les titres primitifs de la famille royale de France, une révolte de serviteurs sanctionnée par le succès. J'ajouterai ici pour satisfaire l'amour-propre des Français, que les titres de la plupart des autres familles régnantes de l'Europe, ont plus ou moins directement la même origine ; et que plus ces familles peuvent rattacher de près leur généalogie à quelques-uns de ces fonctionnaires félons, plus elles croient donner de valeur à leurs titres. La famille capétienne, dont la devise antique : « *lilia neque laborant, neque nent.* » ne peut se traduire que par ces mots : *le fief des lys est militaire et masculin*, est une de celle dont les titres sont le moins contestés.

On peut donc conclure de ce qui précède, que la destruction de l'Empire romain d'Occident fut indispensable pour que la famille de Capet arrivât au trône de France ; mais cet avènement ne fut pas du tout une conséquence nécessaire de l'établissement des Francs dans les Gaules. Ce qui fut nécessaire, ce fut l'affaiblissement de la famille de Charlemagne et sa déchéance, dont profitèrent Hugues Capet ainsi que nombre d'autres. Montesquieu avait bien raison de craindre (*Esprit des Lois*, L. XXX c. 25) que l'histoire éclairât les siècles où ces familles auraient été des familles communes, et montrât que l'origine de leur grandeur n'allait point se perdre dans l'oubli, la nuit et le temps.

Quelle pouvait être en réalité l'origine de Hugues Capet et de ceux qui ont fait comme lui ? — Cela importe assez peu. Ils pouvaient être d'origine franque, romaine, saxonne ou autre ; il est évident que Charlemagne et ses successeurs prenaient où ils pouvaient pour faire des gouverneurs de provinces et se souciaient bien plus des capacités et des aptitudes personnelles que de la pureté de la race. Deux généalogies également authentiques s'accordent peu sur l'origine des Capétiens : l'une les relie aux Mérovingiens en les faisant passer par les Carolingiens ; l'autre en fait rondement des descendants de Witikind, le chef saxon, du plus indomptable des adversaires de Charlemagne. Il est évident que ces généalogies ont été adoptées suivant les temps et les besoins de la famille ; mais celle qui fait de Witikind la souche des Capétiens mérite d'être signalée. Comme un grand nombre des familles princières de l'Europe ont revendiqué la même origine, on peut y voir un indice des idées qui préoccupaient ces familles, au moment où elles virent quelque utilité à se recommander d'un pareil ancêtre.

Les historiens ont généralement attribué aux fondateurs de la dynastie capétienne et aux chefs des autres familles souveraines qui datent de la même époque, l'idée, heureuse à leurs yeux, d'avoir supprimé le partage entre les fils et de lui avoir substitué le droit de primogéniture et ses conséquences ; et ils n'ont pas manqué d'en faire honneur à leur haute intelligence et à leur profonde perspicacité.

Le mérite des grands feudataires se réduit pourtant à bien peu de chose. Ils n'ont fait que continuer à observer une loi qu'ils étaient habitués à suivre pour la transmission des provinces qui leur étaient confiées et dont ils n'étaient nullement considérés comme propriétaires. La déchéance des Carolingiens pouvait bien être acceptée comme seule capable de mettre un terme à l'instabilité qui résultait de leur loi de succession ; mais elle n'impliquait nullement, aux yeux des contemporains eux-mêmes, la transformation des gouverneurs de province en souverains au même titre. Ce qui le prouve, c'est que la dignité impériale fut conservée, comme symbole de l'unité des peuples soumis jadis à Charlemagne, comme pouvoir suprême duquel relevaient tous les grands feudataires qui continuaient à administrer en son nom. Elle devint élective, ou mieux continua de l'être ; mais sans que l'on fût limité, dans ce choix, aux membres de la famille de Charlemagne.

Le titre d'empereur fut même une cause de ruine pour les deux premières familles (Franconie et Saxe) qui eurent l'honneur d'en voir décorer leurs chefs. Elles s'imaginèrent que leurs fiefs prenaient, par cela même, le caractère d'alleus, et suivirent, pour leur transmission, la loi qui régissait ceux-ci. Elles ne tardèrent pas à en subir les conséquences et à déchoir de leur ancienne splendeur. Il n'est pas inutile d'observer que ce ne fut réellement qu'après la victoire remportée à Bouvines par Philippe-Auguste, victoire dont on n'a jamais bien apprécié l'importance, que les Capétiens se tinrent pour complètement indépendants de l'Empereur, et par suite maîtres de leurs Etats à titre souverain ; aussi les effets ne tardèrent pas à se manifester par des partages dissimulés sous le nom d'apanages, et Louis VIII, le fils de Philippe-Auguste, est signalé comme le premier roi capétien qui en ait créé en faveur de ses fils. Les historiens lui en ont fait un grand crime ; et cependant, en agissant ainsi, ce roi ne faisait que se conformer aux idées qui devaient naître alors de l'indépendance complète d'un souverain et de la prétention à ne pas reconnaître de supérieur ; il devait partager son héritage entre ses enfants pour en témoigner hautement. Se borner à la création d'apanages était même une concession à l'expérience; aussi fut-il imité par plusieurs de ses successeurs.

Les espérances de pacification que l'on avait fondées sur la déchéance de la dynastie carolingienne furent loin d'être satisfaites. Sur ce vaste espace qui avait été l'immense empire de Charlemagne, ce ne fut pendant de longs siècles qu'un chaos de ruines et de sang : luttes entre les seigneurs féodaux, luttes contre l'ennemi du dehors, querelles de suprématie, discussions d'autorité et conflits de pouvoirs, rien n'y manqua. J'aurais trop à faire si je voulais entrer dans quelques détails sur ce sujet; je me bornerai donc à ce qui regarde plus spécialement la dynastie capétienne.

Les grands feudataires, gouverneurs de province sous les Carolingiens, souverains indépendants après leur déchéance, étaient nombreux. Ils ne tardèrent pas à se trouver à l'étroit dans leurs domaines, et les plus ambitieux entamèrent entre eux des guerres de spoliation, dont le résultat final fut l'anéantissement de la famille de plusieurs et par suite l'agrandissement des Etats de quelques-uns. C'est ainsi que la famille capétienne est arrivée à constituer le royaume de France avec ses limites de 1789.

Dire pourquoi telle ou telle famille a survécu à ces guerres et en est sortie plus puissante qu'à leurs débuts, est une chose aussi impossible que de dire pourquoi, dans une grande forêt, certains arbres ont d'énormes dimensions et occupent la place de ceux de même espèce qui étaient sortis de terre en même temps qu'eux. Les causes qui ont fait prévaloir les ducs de France sur les ducs de Normandie, de Bourgogne, d'Aquitaine, et sur tant d'autres grands feudataires, jadis leurs égaux en droits et en forces, ont été le plus souvent accidentelles et momentanées. Tout ce que l'on peut dire, c'est que les Capétiens, depuis les premiers jusqu'aux derniers, n'ont obéi qu'à l'ambition de fortifier, d'étendre leur puissance, quand ils n'étaient pas réduits à en disputer les derniers débris.

On cite, en faveur des rois de France, la soumission volontaire de quelques villes ou provinces. Mais on ne remarque pas que ces cas ont été nombreux et se sont répétés au bénéfice d'autres souverains. Ceux qui voyaient les restes de leurs libertés mis en danger par l'ambition d'un voisin, avaient recours à la *commendise* et se mettaient sous la protection d'un prince capable de les défendre et dont la tyrannie leur paraissait moins à craindre. C'est ainsi que Lyon s'est soumis à Philippe-le-Bel, pour mettre un frein au despotisme de ses archevêques et éviter la domination des seigneurs voisins. Plus tard, les rois d: France ont foulé aux pieds les conditions de cette sujétion, montrant ainsi que leur intérêt personnel était leur unique mobile. Dans ces circonstances, ils pouvaient revendiquer la volonté nationale comme fondement de leur autorité ; mais les Capétiens, rois *par la grâce de Dieu,* n'ont jamais prétendu relever de la *Volonté nationale.* C'eût été admettre un principe dangereux pour eux à trop d'égards.

On a voulu faire un titre en faveur des Capétiens, de la destruction des petits souverains locaux, sires et barons au mince patrimoine, fléaux de leur voisinage où ils exerçaient le brigandage à main armée. Eh! ils en recueillirent les premiers bénéfices, et s'ils furent moins oppresseurs, c'est qu'il était difficile de l'être autant. Ces sires, ces barons, étaient d'ailleurs les derniers représentants des grands propriétaires allodiaux et, à ce titre, ennemis nés des grands feudataires, dont ils ne voulaient pas reconnaître l'autorité usurpée. S'ils ne furent, en général, que des tyranneaux, et se rendirent odieux aux po-

pulations, ils fournirent par cela même aux ci-devants gouverneurs de provinces des motifs excellents pour leur destruction. Pour la plupart, ils finirent par se confondre dans la foule,
grâce à la loi du partage de l'hérédité à laquelle ils se confor-
maient; et ceux dont les familles ont subsisté plus longtemps,
n'ont pu échapper au même sort qu'en abandonnant l'indépendance allodiale qui faisait l'orgueil de leurs ancêtres, et en
adoptant le droit de primogéniture pour la transmission de
leur biens, ce qui impliquait soumission au régime féodal.

On a fait valoir l'amélioration du sort des habitants..... L'a-
troce état de choses qui a duré des siècles, ne pouvait cependant pas se perpétuer sans menacer de faire un désert de l'ancien empire de Charlemagne. C'est bien moins aux Capétiens
qu'aux habitants eux-mêmes qu'il faut faire honneur de la constitution du royaume de France. Pendant que Charles VII *le Victorieux*, perdait gaîment son royaume à Bourges, le sentiment
national se prononçait contre les Anglais et suscitait dans les
classes inférieures un mouvement auquel rien ne put résister.
Les écrivains contemporains, nobles ou prêtres, ont voulu donner une origine merveilleuse à cet élan, en exagérant le rôle de
Jeanne Darc, mais les Anglais gardèrent longtemps le souvenir du cri de ralliement *(Villageois)* de ces sauveurs de la
dynastie capétienne. Avouons donc franchement que les populations cherchaient depuis longtemps le moyen de mettre un
terme à leur malheureux sort; qu'après la déchéance des Carolingiens, elles ont essayé de plusieurs moyens; qu'après avoir
éprouvé l'inutilité du recours au clergé, des révoltes; l'essai,
fait par les gens du pays de langue d'Oil, de se rallier à une
famille de leurs oppresseurs a réussi, à l'insu même de cette
famille, et a décidé d'autres populations à suivre leur exemple.
En cela comme en bien d'autres choses, celui qui en avait le
bénéfice a été beaucoup plus instrument que moteur; et la na-

tionalité française s'est constituée sous la forme de Royaume de France, faute de meilleure.

On a voulu mettre en relief la protection éclairée accordée par les rois de France à l'industrie, au commerce, aux beaux-arts. Cela ne résiste pas à un examen sérieux, pas plus pour les Capétiens que pour les autres souverains issus de la féodalité. Dans quels pays, l'industrie, le commerce, les beaux-arts ont-ils fleuri du Xe au XVIe siècle ? N'est-ce pas précisément où le despotisme des princes d'origine féodale a été renversé ou limité : en Italie, dans les Flandres ? quels rapports existaient entre la Hanse teutonique et les seigneurs féodaux ? Si plus tard quelques souverains ont protégé les arts, comment l'ont-ils fait ? Il n'y a pas une découverte, pas un progrès de l'esprit humain, dans cette malheureuse époque et longtemps encore après, qui n'ait été une révolte contre la féodalité ou un danger pour elle. Il ne faut pas argutier, malgré les coups terribles que les rois de France ont porté à la féodalité, ils étaient féodaux par leurs origines et restaient féodaux, comme l'a prouvé le malheureux Louis XVI.

S'il y a quelque chose qui doive étonner, ce sont les progrès, si misérables qu'ils soient, réalisés, à cette époque, dans l'Europe. On a le droit de se demander ce qu'auraient fait ces générations si vivaces, si elles n'eussent pas été entravées dans leur essor par la féodalité tant militaire que religieuse. On peut l'apprécier vaguement en voyant ce qui s'est passé dans l'Angleterre et la France révolutionnées.

Une autorité dont les titres primordiaux consistent dans une rébellion de fonctionnaires, de quelques noms qu'il s'affublent, rois, ducs, comtes, papes, archevêques, évêques, contre leurs souverains, dans la spoliation des maîtres par leurs valets ; cette autorité, dis-je, n'est pas curieuse de laisser scruter ses origines. Elle ne consent pas facilement à laisser discuter ses droits et ne se laisse pas imposer des devoirs. Sa soumission à une enquête de cette nature aurait pour résultat, sinon de démontrer son défaut de légitimité, au moins de déterminer son étendue et de lui fixer des limites. S'en tenant aux bénédictions d'un clergé complice dans le crime et largement partagé à la distribution du butin, elle ne prétend y ajouter que la consécration des siècles, comme une sanction capable de faire oublier et pardonner la souillure originelle.

Mais, dans l'ignorance de l'étendue de leurs pouvoirs, les souverains ne pouvaient moins faire que de ne pas lui admettre de limites, ou de ne lui reconnaître que celles de leur intérêt et de leur bon plaisir. Il ne fallait donc pas leur demander des lois destinées à sauvegarder des droits qu'ils ne voulaient pas admettre, des constitutions dont la rédaction eût obligé de rechercher leurs titres et en eût dévoilé la fausseté.

Lorsque des revers les forçaient à s'incliner devant la volonté des peuples qu'ils gouvernaient, ils se décidaient à octroyer des chartes qu'ils se hâtaient de déchirer dès qu'ils se croyaient assez forts. Ils en étaient quittes pour acheter au Pape une absolution qui ne se faisait pas longtemps attendre. Entr'eux même, ils ne se reconnaissaient pas de droits légitimes et ne songeaient qu'à spolier les plus faibles. Les traités de Westphalie, où ils tentèrent pour la première fois d'imposer des limites réciproques à leur ambition, eurent pour effet de poser implicitement la question de leurs droits sur leurs sujets; et si cette question n'est pas encore résolue, tout fait espérer que cela ne se fera pas longtemps attendre.

On demande comment une autorité usurpée avec tant d'impudence, exercée avec si peu de réserve et si rarement au profit du peuple, peut avoir duré aussi longtemps ? — C'est une question à laquelle il faut répondre avant d'étudier les titres de la dynastie napoléonienne et qui me fournit une transition pour les aborder.

III

DES TITRES DE LA DYNASTIE NAPOLÉONIENNE.

Les populations que l'on appelle quelquefois *latino-germaniques*, issues de la fusion des habitants de l'Empire romain d'Occident avec les envahisseurs venus du fond de la Germanie, ne se crurent pas, malgré leur état misérable, dégagées des devoirs que leur imposaient leur rôle dans l'humanité, leur part dans son développement, leur concours au progrès de la civilisation. Ce vigoureux rameau de la puissante race des **Aryas,** courbé sous le joug que faisaient peser sur lui des oppresseurs issus d'une rébellion victorieuse, détenteurs à la fois de la force matérielle et de la force morale, ne se crut pas autorisé à renoncer à sa tâche et à se plonger dans un honteux désespoir qui n'eût abouti qu'à sa ruine et à son anéantissement.

En dépit des entraves qu'imposaient à leur force d'expansion, un système politique et social créé en quelque sorte pour les rendre impuissantes et stériles, les populations soumises aux souverains féodaux, n'en continuèrent pas moins à se développer, lentement il est vrai, et plus lentement sans doute que si elles eussent été secondées par une organisation politique moins vicieuse et plus conforme à leur tempérament. Il leur arriva même parfois de faire tourner à leur profit, les vices du système féodal, et de les utiliser pour leurs progrès. Mais il ne faudrait pas que les défenseurs de ce système en fissent un argument en sa faveur; il ne serait pas difficile de prouver que son utilisation se fit toujours à l'insu de ceux qui étaient sur les échelons supérieurs de la hiérarchie féodale, et devait en définitive être une cause de ruine pour eux et tout le système.

La sphère d'action des populations latino-germaniques ne tarda pas à sortir des limites de l'ancien empire de Charlemagne ; elle envahit toute la péninsule ibérique, le midi de l'Italie, pénétra dans les îles britanniques, dans la Scandinavie, dans les pays du bassin de la Baltique, elle suivit le cours du Danube et ne s'arrêta que devant les obstacles que lui opposèrent successivement l'Eglise grecque et les hordes turques. Après les héroïques, mais folles expéditions des Croisades, dont l'idée avait été suggérée par le clergé, et dont le succès fut rendu inutile par la prétention que l'on eut d'imposer le régime féodal aux pays conquis, ces populations tournèrent leur activité dans d'autres directions, et affrontant l'inconnu et les dangers de l'immense Océan, trouvèrent un nouveau chemin pour arriver aux Indes et découvrirent un nouveau continent. Quelle part à ce qu'il y a d'honorable et de glorieux dans ces faits, faut-il attribuer à ceux qui, clercs ou laïques, avaient pris les meilleurs lots dans les dépouilles des Carolingiens ?— Vers la même époque la poudre à canon était mieux employée et de plus en plus fréquemment, ce qui transformait la tactique militaire en y déplaçant la force; et l'invention de l'imprimerie fournissait un nouveau moyen pour la propagation des lumières. Quelle part y peut revendiquer la féodalité militaire et religieuse ? quelle en a été l'influence sur le système tout entier ?

Cette expansion des populations soumises au joug féodal n'a pas eu lieu sans produire un effet qui mérite d'autant plus d'attirer l'attention qu'il est une des principales causes de leur lenteur à s'émanciper. Je veux parler de la création des nationalités indépendantes les unes des autres et de la substitution

de leurs activités propres, divergentes, souvent en antagonisme, à l'unité que l'on avait tenté, en dernier lieu, de constituer chez elles à l'aide du culte catholique, unité qui les avait
fait désigner pendant longtemps sous le nom de *Chrétienté*.

Se distinguant dès lors entr'elles par les appellations nouvelles de Français, Anglais, Allemands, Italiens, Espagnols,
etc., consacrant par la différence de langage leur indépendance
respective, ces populations cherchèrent, chacune de leur côté,
la meilleure voie à suivre pour sortir du triste état de choses
issu du triomphe de la féodalité.

Isolés ainsi les uns des autres, après l'échec de la dernière
tentative faite, au profit de la Papauté, méconnaissable vestige
de l'ancienne suprématie de Rome, les peuples qui devaient ré-
parer la faute du morcellement de l'Empire de Charlemagne, n'y
travaillèrent pas tous avec le même succès. Les circonstances
dans lesquelles chacun d'eux se trouva, eurent une grande influence. Il en résulta que la réunion des forces de chacun d'eux
sous l'autorité d'une seule dynastie féodale, réunion qui paraît
être une transition nécessaire, ne s'est pas faite en même temps
pour tous. Ceux chez qui elle était suffisamment avancée, se
hâtèrent de donner le signal de la revendication des droits et
de la reconstitution du régime allodial; mais ils ne furent pas
compris par les autres ou ne purent être imités. C'est ce qui est
arrivé au Peuple anglais en 1647, et l'a fait échouer; c'est ce
qui est arrivé encore au Peuple français, en 1789, et qui explique la longue lutte qu'il eut à soutenir contre l'Europe féodale
coalisée et rend encore son triomphe douteux pour plusieurs.

Ces doutes, qui subsistent encore, sur le triomphe du parti
allodial en France, sont justifiés jusqu'à un certain point par la
composition même de ce parti. S'il n'existe plus dans son sein,
comme au temps de Charlemagne, des divisions politiques net-

tement établies sur des différences des races, il y en a d'autres moins apparentes, mais d'autant plus puissantes qu'elles résultent de causes économiques.

Dans les dix siècles qui se sont écoulés depuis Charlemagne, la société européenne ne s'est pas modifiée seulement dans ses couches superficielles et politiques, mais encore dans tout son ensemble. Du développement du commerce, des progrès de l'industrie, des découvertes scientifiques, de la sécurité des relations entre les individus, des changements dans l'organisation de la force publique, est issue une nouvelle composition des éléments de la société, qui s'est manifestée surtout et presque exclusivement dans le parti allodial, qui y a créé en quelque sorte des classes nouvelles, ayant chacune des mœurs, des idées, des aspirations qui leur sont spéciales, et dont elles prétendent chacune de leur côté, assurer le triomphe sur celles des autres classes, pour lesquelles enfin elles revendiquent la possession sans partage des moyens et des garanties nécessaires ; et cela dès que la défaite des féodaux ne leur fait plus de l'union entr'elles, une impérieuse nécessité.

Il semble qu'en France, après leur victoire, les différentes fractions du parti allodial devaient s'entendre pour le partage et vivre en paix : c'eût été certainement le plus sage et le plus profitable pour elles ; mais l'exagération des prétentions de chacune, y a mis un obstacle qui ne pouvait et ne peut encore être détruit que par une lutte plus ou moins ouverte, soit sur le terrain politique, soit sur le terrain économique, destinée à montrer laquelle de ces fractions est la plus forte, puisque la raison et la justice sont impuissantes pour imposer une limite à des exigences qui sont certainement plus injustes et plus déraisonnables chez ceux des allodiaux qui se prétendent les plus éclairés et les plus instruits que chez les autres.

C'est dans ce déchirement des allodiaux français en divers

partis, dans leurs prétentions exclusives au bénéfice de la victoire sur les féodaux, dans leur antagonisme et dans les luttes qui ont commencé entr'eux, avant même que leur triomphe fût assuré, que se trouvent d'abord les causes de leur longue patience à supporter la tyrannie des féodaux, car ils en avaient le pressentiment; puis celles des doutes que l'on conserve sur la durée de leur triomphe; enfin la justification des titres de la dynastie napoléonienne.

Des causes économiques, dont les conséquences sont inévitables, divisent les allodiaux français, devenus la Nation française ou le Peuple français, de par le décret de la Nuit du 4 Août 1789, en deux groupes fondamentaux : les habitants des villes et les habitants des campagnes, les *citadins* et les *paysans*. Il est inutile, je pense, de justifier leur réalité ; il est inutile également de montrer la différence des besoins, des mœurs, des goûts, des tendances des uns et des autres, aussi bien que la différence de nature de leur travail, de l'objet sur lequel il s'exerce, de ses résultats. Leur nom même éveille immédiatement dans l'esprit l'idée d'éparpillement, de dissémination sur un vaste espace pour les uns, et de groupement, d'agglomération dans des espaces restreints pour les autres. Je ne m'appesantirai donc pas sur ces points qui doivent être suffisamment connus du lecteur.

Ce qui est également connu, c'est que dans les villes, la facilité des relations les multiplie et permet à leur population de s'instruire à moins de frais, et de s'éclairer sur beaucoup de questions, plus vite que dans les campagnes, où il y a moins de relations et de loisirs. Mais ce qui est moins connu, c'est que les paysans, tout en rendant justice à la science, ne se laissent pas éblouir par l'étalage qu'en font les citadins, et savent que, sur beaucoup de questions, leur savoir est fort limité et qu'il leur reste encore à résoudre un grand nombre de problêmes du plus haut intérêt.

Ce qui est aussi moins connu, c'est que, tout en acceptant les services des industriels pour la transformation des matières premières, ceux des commerçants pour la mise à portée des consommateurs des produits de toute nature et pour leur échange, ceux des autres habitants des villes pour les fonctions que nécessite l'administration d'un Etat, et en salariant leur travail ; le paysan n'entend nullement leur être subalternisé, et ne veut pas souffrir que des services payés par ceux qui les acceptent et qui sauraient, le cas échéant, y suffire eux-mêmes, soient pour ceux qui les offrent, non sans être salariés, prétexte et occasion de domination et d'exploitation.

Ce qui est aussi moins connu, c'est que les citadins et les paysans ne se font pas du tout la même idée des droits que confère la propriété du sol qu'ils couvoitent ardemment, chacun de leur côté, comme un moyen et une garantie de prépondérance. — Comme j'ai déjà esquissé les principales différences de manière de voir des uns et des autres sur cette question fondamentale, et que j'ai montré à quel point ils en étaient dans une précédente brochure (Opinion d'un allodial français sur l'Agrandissement de la Prusse), on me permettra de ne pas y revenir.

Ce qui est aussi moins connu, c'est que par suite même de la manière de comprendre la propriété du sol, les paysans sont essentiellement les meilleurs représentants et les plus ardents défenseurs de l'idée démocratique ; tandis que par suite même de leur constitution économique, de la nature de leurs occupations, de la hiérarchie des fonctions industrielles, des chances aléatoires des opérations commerciales, de la vicieuse organisation du crédit (institution en elle-même démocratique), les citadins sont poussés presque fatalement (au moins dans l'état présent) à constituer dans leur sein des oligarchies aristocratiques qui les dominent et les exploitent, au point que le terme de *bourgeois*, par lequel on les désigne généralement, réveille toujours une idée d'aristocratie.

Ce qui est enfin moins connu, c'est que les aristocraties citadines, aristocraties non de naissance mais de richesse, ont une affection particulière pour la forme de gouvernement polyarchique, qu'elles appellent *républicaine ;* et que ce n'est que pour mettre un obstacle à ce que ces aristocraties étendent sur eux leur domination et en deviennent plus puissantes, que les paysans, au fond fort indifférents sur la forme du gouvernement, préfèrent la forme monarchique et héréditaire, quels qu'en soient d'ailleurs les dangers, parce qu'ils voient dans un chef unique, même donné par le hasard de la naissance, l'adversaire-né des aristocraties de toutes natures, et leur défenseur contre des prétentions sans freins ni limites, dont l'assouvissement aurait pour conséquence un ordre de choses aussi funeste pour eux que la féodalité, s'il ne l'était pas plus.

Les caractères et les tendances de ces deux grandes fractions du parti allodial français, c'est-à-dire de la nation même, étant connus ; suivons-en les manifestations dans les événements qui ont suivi la Nuit du 4 Août 1789.

Le décret rendu dans cette nuit célèbre, avait anéanti les priviléges des féodaux, et avait ramené sous la loi commune, la Noblesse et le Clergé. La Constitution, qui fut élaborée ensuite, ne fut qu'un commentaire de ce décret, une exposition de ses conséquences politiques. Il est évident que cette constitution ne pouvait plaire aux féodaux, qui n'y voyaient que la consécration de ce qu'ils appelaient une spoliation ; elle ne plut cependant pas davantage à la fraction citadine des allodiaux qui n'y trouvait pas une satisfaction suffisante des immenses appétits que venait de susciter chez elle une révolution qu'elle s'imaginait avoir faite à elle seule et dont elle prétendait avoir seule les profits. En présence des féodaux mécontents et des allodiaux ambitieux, la première constitution nationale avait donc peu de chances de durée.

Les féodaux qui n'acceptaient pas une défaite essuyée selon eux sans combat, se rallièrent autour du Roi et s'efforcèrent de lui rendre une autorité nécessaire à leurs prétentions. Les allodiaux citadins trouvaient de leur côté qu'il était encore fait au Roi une part d'autorité trop grande. Avec leurs prétentions à profiter seuls du triomphe des allodiaux, ils devaient aspirer à imposer leur volonté sur tous les actes du gouvernement ; ils voulaient déjà ce que, plus tard, l'un d'eux a formulé en ces termes : « *Le Roi règne et ne gouverne pas.* » A leurs yeux, en effet, le roi devait endosser la responsabilité d'actes imposés par une bourgeoisie qui aurait exploité la Nation sous son couvert.

Le Roi, élevé dans les idées féodales, retranché obstinément dans son entourage féodal, ne comprit pas le beau rôle que lui offrait la nation allodiale, peut-être par ce qu'il ne vit de près que sa fraction citadine. Il se refusa à ce rôle et se rejeta dans les bras des féodaux. Ce fut sa condamnation : le parti allodial tout entier se résigna à le sacrifier plutôt que de consentir à perdre les fruits de sa récente victoire, et, malgré les répugnances qu'inspirait aux paysans la forme polyarchique, la forme monarchique solidarisée alors avec la féodalité, par la faute de Louis XVI, fut abandonnée.

Les allodiaux citadins étaient donc triomphants et avaient vu, dans la journée du 10 Août, leurs rêves les plus ambitieux dépassés par les événements. Il s'agissait dès lors, pour eux, de s'assurer les profits de leur victoire ; mais, pour y réussir, il ne fallait plus seulement avoir l'habileté de se servir de toutes les forces du parti allodial, il fallait encore imposer le joug à ceux qui avaient si énergiquement concouru au succès, et à cette fin, il était nécessaire d'avoir effectivement une force supérieure, quelle qu'en fût d'ailleurs la nature.

Puisque la lutte entamée, le lendemain de la défaite des féodaux, entre les deux grands partis des allodiaux n'est pas encore terminée, on en peut conclure que la force des citadins était contrebalancée par celle des paysans, et l'est encore actuellement.

On ne trouvera peut-être pas superflu que j'expose ici l'état respectif des forces et moyens d'action de ces deux grandes fractions du parti allodial, qui allaient se mesurer : l'une les citadins, représentés par leur aristocratie dont les champions étaient déjà connus sous le nom de *Girondins ;* l'autre les paysans, dont les instruments prirent les noms de *Montagnards, Jacobins,* et furent ensuite fournis par la famille Bonaparte.

D'après un recensement exécuté sur les ordres de l'Assemblée nationale constituante, et mentionné par Arthur Young, la population des villes et des bourgs était, vers **1790**, de **5,709,270** habitants contre **20,521,538** habitants des villages et de la campagne, pour un total de **26,363,074** habitants. (Je copie textuellement ces chiffres dans la traduction des Voyages en France par Arthur Young, publiée par M. Lesage en **1860**.) Le désavantage du nombre, pour les citadins, était compensé par leur richesse et leur instruction, par la facilité et la multiplicité des relations qui leur permettaient, plus qu'aux paysans, de s'entendre et de combiner leurs efforts. Ils avaient aussi une plus grande habitude des affaires publiques auxquelles ils prenaient, depuis longtemps, une assez grande part. Mais ce qui leur était défavorable, c'était le peu de ressources réelles que leur offrait leur rôle économique au sein de la nation. Réduits de ce côté,

à offrir leurs services comme industriels et comme commerçants, leurs profits étaient nécessairement limités aux besoins
des paysans d'abord, puis d'eux-mêmes, et enfin des peuples
qui voudraient bien les accepter.

Les besoins des paysans français étaient eux-mêmes propor-
tionnés à leur bien-être et à l'avantage qu'ils trouvaient à
acheter des produits industriels, au lieu de faire subir eux-
mêmes les transformations nécessaires pou: la consommation,
à ces produits dont la matière première venait d'eux, en grande
partie. Les sources de richesse que les citadins industriels et
commerçants pouvaient exploiter de ce côté étaient donc d'autant plus grandes, que les paysans étaient plus riches et, par
cela même, avaient une plus grande part d'une des forces des
citadins, c'est-à-dire du capital. Il est inutile d'ajouter que subordonnée déjà aux besoins des paysans, la richesse que les
citadins obtenaient par l'échange réciproque de leurs services,
ne pouvait que lui être proportionnée et inférieure. Les besoins
des peuples voisins ou éloignés offraient une riche mine à
l'exploitation des industriels et des commerçants français; mais
ces peuples étaient déjà largement pourvus par leurs industriels et leurs commerçants, et, à leur défaut, par ceux de
l'Angleterre et d'autres Etats, nullement disposés à se laisser
supplanter par les Français venus après eux.

L'exiguité des ressources d'ordre économique, et ce sont les
meilleures, était donc pour les citadins français, une cause de
faiblesse vis-à-vis des paysans à ajouter à leur infériorité numérique, qui en est d'ailleurs un résultat immédiat.

A ce genre de ressources, ils pouvaient ajouter celle de la
propriété foncière qui leur aurait assuré par un prélèvement,
sous forme de fermage ou autrement, une part des richesses
agricoles. Mais, ici, ils se trouvèrent en face de la prétention du
paysan lui-même à être propriétaire du sol qu'il cultivait, à en

garder pour lui tous les profits, et à n'en abandonner une part qu'en échange de services ou de marchandises. Je ne répéterai pas ici, ce que j'ai déjà dit ailleurs, sur le bienfondé des prétentions du paysan, je dirai seulement qu'au point de vue économique, ces prétentions sont profitables aux citadins ; car, plus le paysan sera propriétaire du sol, plus il sera en mesure de satisfaire des besoins qui ne manqueront pas de naître, plus il aura besoin des industriels et des commerçants ; et il n'est pas nécessaire de prouver que la satisfaction des besoins de mille paysans cultivateurs et propriétaires, procurera aux industriels et aux commerçants, des sources de richesse plus abondantes et plus régulières, partant plus sûres, que celle des besoins de ces mille cultivateurs réduits à l'état de fermiers, en y ajoutant ceux des vingt, cent ou deux cents propriétaires qui percevront les fermages.

Je parlerais bien des richesses créées par l'intelligence, dans les sciences, dans les lettres, dans les beaux-arts ; mais sauf de rares exceptions, ces richesses se sont réduites à peu de chose et ont très-peu ajouté au fonds général des citadins, sans ajouter en même temps à celui des paysans, j'en appelle à l'histoire des sciences, de la littérature, des arts, des inventions, etc., en France comme partout ailleurs.

Les conséquences économiques même de l'organisation du commerce et de l'industrie en séries subalternisées, sur les nombreux échelons desquelles se trouvent les capitalistes commanditaires, les banquiers intermédiaires du crédit, les entrepreneurs d'industrie et de commerce grands et petits, les employés et les commis, et enfin les ouvriers et les manœuvres, étaient et sont une cause de faiblesse pour les citadins, aussi bien en France qu'ailleurs, en suscitant entr'eux une division basée sur le plus ou le moins de richesse individuelle, et en provoquant des froissements qui se renouvellent au moindre contact.

Cette division des citadins en plusieurs classes hiérarchisées entr'elles par la richesse, que l'on résume assez souvent par les deux grands groupes des capitalistes et des prolétaires, est la cause principale de la constitution dans leur sein d'une aristocratie et d'une démocratie; la première, moindre en nombre que la deuxième, mais la dominant par le capital et par les habitudes d'autorité qu'elle a contractées dans les rapports de prêteurs à emprunteurs. Mais cette scission est naturellement fort nuisible aux citadins, dont une fraction, la plus nombreuse, la plus utile économiquement parlant, et physiquement la plus vigoureuse, se trouve amenée, de gré ou de force, à faire cause commune, même sans s'en douter, avec les paysans, élément primitif de la démocratie, et à suivre leur ligne de conduite en politique.

La principale et la plus féconde des sources de richesse et de force qui restât à la disposition de l'aristocratie citadine, de la bourgeoisie, était donc dans l'envahissement des fonctions administratives, dans leur accaparement; pour, une fois en possession, donner à la nation une direction utile à ses vues égoïstes, et capable de préparer son triomphe sur le reste des allodiaux, dans un avenir plus ou moins rapproché. C'est ce qu'elle comprit parfaitement; et profitant de leur abandon par les féodaux, elle s'empressa de s'y installer et ne dédaigna pas les salaires gros ou petits qui y étaient attachés. Je dois même dire que c'est le principal bénéfice qu'elle y a trouvé; aussi n'a-t-elle pas cessé de travailler à son accroissement. On peut en juger par le budget des dépenses qui a quadruplé depuis l'abolition de la féodalité; et, quelle que soit la forme du gouvernement, monarchique ou polyarchique, despotique ou parlementaire, elle a toujours su en prendre la plus grosse part.

L'avantage que donnait d'autre part aux paysans leur supériorité numérique, était considérablement amoindri par de nombreuses causes et malgré l'importance supérieure des produits agricoles.

D'abord l'éparpillement des paysans, résultant de la nature de leur instrument de travail, le sol, qui ne leur permet jamais de s'agglomérer sur quelques points particuliers du territoire, mais leur impose la nécessité de se disséminer par groupes très-peu nombreux sur toute sa surface.

Cet éparpillement inévitable a lui-même pour effet de nuire à la fréquence de leurs relations et à leur instruction; ce qui leur enlève le moyen de s'éclairer mutuellement sur leurs intérêts généraux et de discuter suffisamment entr'eux sur les meilleures voies à suivre pour y satisfaire. Le peu de diffusion de l'instruction chez eux, les empêche de profiter de ses moyens de transmission pour se communiquer leurs pensées à travers l'espace et le temps. Aussi l'intelligence et le bon sens, qui ne leur font pas défaut, sont privés chez eux des instruments de propagation qui abondent pour les citadins, ce qui les force à recourir aux formes et aux manifestations les plus brèves et les plus concises, souvent inintelligibles pour ceux qui ne sont pas au courant de leurs idées. C'est ainsi que leur attachement parfaitement raisonné pour la forme monarchique n'est, aux yeux des citadins poussés par leurs aristocraties à la forme polygarchique, qu'une obstination routinière.

Privés des moyens de faire connaître leurs aspirations, de défendre leurs intérêts et de justifier leur conduite politique, les paysans ont toujours eu une manière d'agir énigmatique pour les citadins, empêchés, de leur côté, de la comprendre par leurs intérêts et leurs aspirations propres qui sont souvent en contradiction complète avec ceux des paysans. Je peux en montrer un exemple dans l'antagonisme qui est né entr'eux, pour la propriété du sol. Les uns et les autres la convoitent

également, comme le gage et la garantie de leur prépondérance et ne veulent rien céder de leurs prétentions inconcilia-
bles. C'est même presque exclusivement sur ce terrain que les
paysans ont engagé la lutte, tout en ne mettant en usage qué
des moyens forts pacifiques et très-légitimes : l'achat de la
terre à beaux deniers comptants.

Dans les débuts, immédiatement après l'abolition de la féodalité, les paysans qui avaient eu le plus à souffrir de son op-
pression et de ses rapines séculaires, ne se trouvèrent pas assez
riches ni'assez éclairés pour mettre sur le champ la main sur
la propriété foncière que les plus intelligents et les plus loyaux
des citadins reconnaissaient devoir être leur lot de la victoire
allodiale (Volney, *Moniteur* du 2 mai 1790); aussi la laissè-
rent-ils envahir en grande partie par la bourgeoisie. Mais, depuis, la fécondité de leur travail leur créa des ressources qu'ils
mirent à profit pour s'instruire de leurs droits, comprendre la
nature de leurs forces, et reconquérir plus ou moins vite ce lot
qui leur est destiné. Il suffit de comparer l'état de la population agricole de la France, au moment de la chute de la féodalité, avec son état actuel, pour se rendre compte de ses progrès
tant matériels et économiques qu'intellectuels et moraux.

Ce qui seconda merveilleusement les paysans dans leur lutte
contre l'aristocratie citadine, ce furent les obstacles que celle-
ci rencontra lorsqu'elle essaya d'exploiter les populations
étrangères par le commerce et l'industrie. Il est évident que
si les industriels et les commerçants de France avaient trouvé,
comme ceux d'Angleterre, un champ d'opération assez vaste
pour leur activité, il en serait résulté pour l'aristocratie des
villes, un accroissement de richesse et de forces qu'elle aurait
utilisées dans sa lutte avec les paysans pour la propriété foncière, et qui lui aurait peut-être assuré le triomphe comme à
l'aristocratie citadine anglaise. L'abolition de la féodalité aurait

alors eu lieu, en France comme en Angleterre, au bénéfice exclusif d'une aristocratie de richesse qui aurait parfaitement accepté, en France comme en Angleterre, un accommodement avec les restes des féodaux.

Privée de cette source de richesse que la bourgeoisie anglaise avait trouvée dans l'exploitation du globe, et qui lui avait fourni le moyen d'imposer son joug aux prolétaires des villes et des campagnes de l'Angleterre, la bourgeoisie française n'a pas eu assez de forces à opposer aux paysans, et a dû subir leur prépondérance économique avec toutes ses conséquences politiques. — La chose est encore loin d'être accomplie et acceptée ; mais elle est assez avancée pour que l'on puisse prévoir de quel côté seront les vainqueurs, à moins d'événements extraordinaires qui sortent des données économiques et politiques.

La fraction citadine des allodiaux français trouvant, après comme avant l'abolition de la féodalité, sa sphère d'action limitée, au point de vue économique, à peu près au territoire national et à sa population, dut se contenter de prendre dans l'administration publique la place de ceux qui venaient d'en être expulsés. Mais cette part de butin, bien maigre en comparaison de ce qu'elle avait rêvé, ne fut pas suffisante pour satisfaire tous les appétits. Aussi, ceux qui avaient vu leurs espérances personnelles déçues, créérent, dès les premiers jours, un parti de mécontents et mirent leur énergie et leur activité au service des intérêts et des aspirations qui craignaient d'être lésées par ceux qui s'étaient déjà fait leur part et paraissaient aspirer à l'augmenter.

Il arriva donc que, dès que les allodiaux furent par leur triomphe, mis en demeure de justifier leur capacité politique, ils se divisèrent en deux partis, les citadins et les paysans ; les premiers partagés déjà en aristocratie et en démocratie, les seconds sans séparations profondes entr'eux. L'aristocratie citadine toute prête à profiter de la victoire, se mit à l'œuvre pour en accaparer les fruits. Les paysans, sans moyens pour faire entendre leurs voix et réclamer leur part, risquaient fort de n'avoir fait que changer de maîtres, lorsqu'ils rencontrèrent dans la partie démocratique des citadins, la population ouvrière qui avait, vis-à-vis de l'aristocratie citadine, des intérêts semblables aux leurs à défendre. Il en résulta une alliance dont les ouvriers et les paysans ne paraissent pas avoir eu toujours conscience, mais qui ne laissa pas de produire ses effets. Les ouvriers des villes ayant, dès les premiers jours, pris incontestablement une part active à la lutte contre les féodaux et à leur défaite, avaient acquis ainsi des droits qu'on ne se pressait pas de leur reconnaître, mais qu'ils ne devaient pas tarder à revendiquer. Il ne fut pas difficile à ceux qui, appartenant à l'aristocratie citadine, n'étaient pas satisfaits de leur part de butin, qui avaient même à se plaindre d'avoir été oubliés ou écartés lors de la distribution, de comprendre qu'ils pouvaient faire servir à leurs prétentions personnelles, la revendication des droits des prolétaires ; et le rôle qui en résultait était trop séduisant pour qu'ils hésitassent longtemps à s'en charger, quelle que fût leur intelligence et leur capacité.

Mais pour des hommes qui n'avaient pas la moindre idée des vues et des aspirations de ceux dont ils se constituaient les avocats — c'est-à-dire des paysans qui n'avaient pas encore pu formuler leurs prétentions, et des ouvriers des villes à qui ils croyaient faire connaître leurs véritables intérêts, tout en ignorant leurs besoins ; — la besogne n'était pas facile, d'autant plus qu'ils n'avaient pour guide que leur ambition et des souvenirs d'une histoire ancienne mal comprise, qui n'avaient rien à faire en pareille occurence. De tous ces hommes qui se sont fait alors, à la tête de la démocratie française, une célébrité incontestable, mais diversement appréciée, un seul me semble avoir été sincère et de bonne foi : Danton, qui joua un rôle si important par sa double lutte contre la royauté féodale et l'aristocratie allodiale, et qui mourut consolé par la pensée d'avoir fondé la République. Danton montra, par sa conduite après les journées du 31 Mai, qu'il s'apercevait que le sens de la Révolution, qu'il avait cru guider jusqu'à ce jour, lui échappait, et que dès lors il devait se retirer du champ de bataille. En faisant en effet décréter l'arrestation des Girondins, il enlevait à la France polyarchique ses partisans les plus dévoués, parce qu'ils y représentaient l'élément aristocratique. Quant aux autres, Robespierre, Marat, Saint-Just, etc., etc., après avoir épuisé tous les moyens pour conserver une autorité dont ils ne savaient que faire, ils finirent par tomber écrasés sous le poids de leurs propres fautes et de leur impuissance.

Et cependant c'est par de tels champions de la démocratie, que l'aristocratie allodiale a été vaincue et renversée dès le premier engagement ; ce n'était pas une preuve de sa capacité à prendre et à conserver la part qu'elle voulait s'attribuer dans les dépouilles de la féodalité ; et lorsqu'elle voulut reprendre le rôle auquel elle aspirait, elle dut encore pour renverser la tyrannie qui l'opprimait, faire agir des hommes qui avaient débuté par être les séides et les lieutenants de Robespierre et leur laisser une part brillante des dépouilles.

Instruite par son premier échec, l'aristocratie citadine comprit qu'avant de vouloir imposer sa volonté au reste de la nation, il lui fallait avoir les moyens de la faire respecter et que les seuls dont elle pouvait disposer dans ce moment, consistaient dans les fonctions administratives. C'est à leur conquête qu'elle consacra tout le temps que dura le Directoire : et elle avait déjà assez fait de progrès pour entrevoir le moment où, après un Cromwell manqué, il ne resterait de place que pour un Monck,

lorsque la démocratie intervint à nouveau et imposa sa volonté.
— Il est nécessaire ici de parler de faits qui, pour n'avoir pas
eu lieu à Paris, n'en devaient pas moins avoir une immense
influence sur les destinées de la Nation.

Pendant que les allodiaux se disputaient leurs dépouilles, les
féodaux de France étaient revenus de la profonde stupeur dans
laquelle les avait d'abord plongés leur défaite, et songeaient
à prendre une revanche. De leur côté, les souverains de l'Europe, tous féodaux, finirent par comprendre que le triomphe
des allodiaux en France mettait en danger leur autorité sur
leur sujets; aussi se décidèrent-ils à intervenir pour comprimer une rébellion d'aussi mauvais exemple.

Deux guerres contre les allodiaux (ou, comme l'on dit, contre la République) vinrent remettre en question une victoire
dont le butin les divisait déjà. L'une à l'intérieur de la France,
fomentée par les féodaux qui égarèrent et utilisèrent au profit
de leur cause des populations dont l'intérêt était de se rallier
aux allodiaux; l'autre sur les frontières, contre les armées des
souverains féodaux.

Les conséquences de ces guerres sur les destinées des deux
fractions des allodiaux français furent immenses. Le parti tout
entier fut appelé à concourir à la défense et à la conservation
des bénéfices de la victoire, ce qui donna nécessairement des
droits de participation à ceux même qui n'y avaient peut-être
pas songé dès le début.

Ce n'était pas en effet l'aristocratie citadine seule qui pouvait résister aux attaques des féodaux, et les vaincre. Si elle
pouvait suffire aux états-majors des armées et des bataillons,
elle avait besoin des ouvriers des villes et des campagnes pour
en remplir les cadres; et, si peu brillante que fût la position
de ceux-ci, les péripéties de la lutte montrèrent combien ils

étaient nécessaires et quelle part ils avaient le droit de réclamer, si la victoire restait à la Nation.

Leur réunion sous les drapeaux pour une cause qui leur était chère, apprit aux paysans et aux ouvriers à se connaître et à s'apprécier mutuellement. Des dangers partagés, des obstacles surmontés en commun, naquit une confiance réciproque basée sur l'estime et la reconnaissance de leurs qualités respectives. Les paysans et les ouvriers cessèrent de s'ignorer entr'eux et les succès de leurs armes leur révélèrent en eux des forces qu'ils ne soupçonnaient pas auparavant. Appelés à combattre pour la Patrie et pour la défense de leurs droits, ils virent que leur horizon politique avait d'autres limites que leur village ou leur bourg ; ils apprirent qu'ils avaient des droits, et s'ils ne surent que vaguement en quoi ils consistaient, ils comprirent, que, puisqu'il leur en coûtait tant pour les défendre, ils devaient avoir du prix, quels qu'ils fussent.

L'ébranlement causé à toute la nation, par sa lutte contre la féodalilé, eut donc pour effet d'élever son niveau intellectuel, surtout dans les couches populaires, toujours si impressionnables. La partie aristocratique, qui n'avait pas à subir une transformation aussi grande, ne devait pas y gagner autant. Elle eut encore le malheur d'accepter, dans la lutte qu'elle soutint contre la démocratie, une sorte d'alliance avec le parti féodal, toutes les fois qu'elle eut recours aux armes : par exemple, à Lyon, en prenant un royaliste pour général ; en commettant la même faute à Paris, au 13 Vendémiaire ; à Toulon, en mettant entre les mains des Anglais, un port militaire important et ses immenses ressources.

De semblables fautes n'étaient pas propres à inspirer une grande confiance dans la sincérité de ses actes, et étaient aggravées par sa prétention à s'emparer de l'autorité, par l'accaparement des fonctions administratives. N'avait-on pas à craindre qu'elle aspirât à se substituer à la noblesse de race, dont l'origine remontait en définitive à des administrateurs qui avaient rendu leurs fonctions héréditaires et transformé leur solde en biens patrimoniaux? Aussi la conduite de l'aristocratie citadine, lorsqu'elle se croyait triomphante, sa tolérance à l'égard des féodaux, les discordes qui éclataient dans son sein et compromettaient le salut de la nation, finirent par inspirer aux allodiaux de vives inquiétudes et les décidèrent à recourir aux moyens extrèmes.

Ce à quoi la Nation tenait par dessus tout, c'était à ne pas laisser rétablir la féodalité ; l'intérêt national, le bien public *(res publica)*, c'était la reconstitution du régime allodial ; la forme du gouvernement, polyarchie ou monarchie, ne venait qu'après et était subordonnée à la conservation de ce régime et à son affermissement [*]. C'était son aristocratie qui mettait tout en danger, c'était elle qui devait être sacrifiée ; non pas que l'on dût, comme le voulait Babeuf, procéder à une mise en

---

[*] Le fameux mot de Napoléon : « *Dans cinquante ans, l'Europe sera républicaine ou cosaque* », prouve que, jusqu'à sa mort, l'Empereur n'eut qu'une idée vague du mouvement dans lequel il avait été entraîné comme tant d'autres. Il sentait cependant que cette forme de gouvernement , qu'il avait renversée en France, avait eu sa raison d'être dans une cause qu'il ne découvrait pas, malgré ses efforts ; mais il sentait aussi que cette cause l'avait soutenu lui-même, qu'elle subsistait toujours et qu'elle finirait par triompher ; que, si cependant elle était vaincue , sa défaite coûterait de tels efforts et de tels sacrifices aux souverains (féodaux) de l'Europe, qu'il ne leur resterait pas ensuite des forces suffisantes pour résister à la Russie, qui viendrait les soumettre à son joug. Faute de pouvoir dire : l'Europe deviendra allodiale et sera puissante ou restera féodale, et sera subjuguée par les Russes ; il a dit plus brièvement, mais, moins clairement : « *Républicaine ou cosaque* ». Cela répondait sans doute mieux à la tournure de son esprit, mais montre en même temps combien cette idée était confuse dans sa pensée.

commun et à des répartitions incessantes de la richesse publique, c'eût été une rétrogradation incompatible avec les mœurs;
mais on pouvait remplacer la forme polyarchique, qui lui était
la plus avantageuse, par une autre capable de sauvegarder les
intérêts démocratiques, sans rétablir la féodalité. C'était le pro-
blème que semblait résoudre la forme monarchique en oppo-
sant à l'aristocratie un homme armé de toutes les forces de la
démocratie.

La véritable difficulté était de trouver cet homme capable et
assez ambitieux cependant pour accepter avec ses devoirs et
ses charges, un rôle qui subordonnait réellement la volonté de
l'acteur à celle de la nation.

Il était évident que l'on ne pouvait pas prendre dans les
restes de la famille capétienne, ce monarque qui devait conserver à la Nation les bénéfices de la chute de la féodalité, et la
défendre contre les exigences de son aristocratie ; trop de raisons s'y opposaient.

Le sort de Danton et de Robespierre avait prouvé que ce
n'était pas parmi les avocats de sa cause au sein des assemblées
délibérantes à Paris, que le peuple devait chercher un mandataire ; il ne lui restait donc qu'à s'adresser à ceux qui soute-
naient, par la force des armes, contre les féodaux du dedans
et du dehors, la défense des droits qu'il voulait conserver.
Après quelques hésitations, la majorité des suffrages se fixa sur
un officier de fortune, simple lieutenant d'artillerie au début,
et devenu général en chef, grâce à une brillante série de succès
où il avait fait preuve des capacités et des aptitudes nécessaires au rôle à remplir. C'était le général Napoléon Bonaparte.

Outre que ce général avait montré un génie supérieur en
Italie et en Egypte, il devait au hasard, d'avoir toujours été
avec les défenseurs du parti démocratique. Pour ses débuts, il

avait arraché aux Anglais une ville qui s'était livrée à eux, en haine de la démocratie ; puis il n'avait pas craint de réprimer par la force, une insurrection des bourgeois parisiens qui voulaient faire prévaloir leur volonté sur celle formellement exprimée de la nation toute entière. Il suffisait donc au général Bonaparte d'avoir assez d'ambition pour croire qu'il prenait un rôle qui s'offrait à lui beaucoup plus qu'il ne s'en doutait ; sauf à lui, à le comprendre et à le remplir.

L'histoire est là pour prouver que l'ambition ne lui fit pas défaut ; mais elle ne prouve pas aussi complètement qu'il ait eu jamais une parfaite intelligence de son rôle. Elle montre, au contraire, que l'acteur ne cessa de mettre son individualité au-dessus de la collectivité nationale qui faisait son unique force, et que ce fut cette erreur qui causa sa chute.

. Qu'importent, devant la volonté de la majorité des allodiaux, les trois votes successifs qui ont amené graduellement le général Bonaparte à prendre le titre d'Empereur ? Tout ce qu'ils peuvent prouver, c'est que celui qui en a eu le bénéfice n'osa pas, du premier coup, monter sur un trône, et qu'il n'y songea même pas d'abord.

Peut-être faut-il approuver sa réserve dans ses débuts. La forme et les institutions polyarchiques étaient, pour bien des gens, indispensables au triomphe de l'idée allodiale ; et cette opinion trouvait sa justification dans la conduite de Louis XVI et dans la forme du gouvernement de la plupart des peuples qui étaient en guerre avec nous. Grandie à l'ombre du drapeau républicain, la liberté du peuple allodial ne semblait pas pouvoir vivre sans cette forme de gouvernement. Aussi, dans sa première étape, le général Bonaparte qui avait d'abord modestement songé à entrer au Directoire, se contenta, après avoir détruit la constitution qui lui faisait obstacle, du premier rang dans un triumvirat décennal.

Il est vrai qu'il n'attendit pas deux ans pour trouver courtes ces dix années de pouvoir assuré ; et le peuple qui ne voulait pas marchander avec celui qui lui rendait de si grands services, lui assura le pouvoir pour toute sa vie. Moins de deux ans encore après, le peuple plein de complaisance pour ses caprices, lui permit de quitter le titre de Consul à vie pour prendre celui d'Empereur, et d'espérer qu'il le transmettrait à ses descendants.

Sans nous occuper de l'usage qu'il fit de son pouvoir et dont il devait être récompensé ou puni le premier; nous pouvons constater que le général Bonaparte était fatalement entraîné par sa conduite au 18 Brumaire, à rétablir la forme monarchique et à son profit.

On a prétendu qu'il aurait pu jouer le rôle de Monck ou celui de Washington; je crois que l'un et l'autre lui étaient également interdits.

Ceux qui ont parlé du rôle de Monck, éblouis par l'éclat de l'épopée impériale, avouent qu'auprès de cette puissance et de cette gloire, même avec le rocher de Ste-Hélène en perspective, le titre de lieutenant-général des armées de Sa Majesté Très-Chrétienne le Roi de France, fait une maigre figure, pour peu surtout que l'on ait une mince confiance dans la reconnaissance des rois vis-à-vis de leurs restaurateurs; aussi font-ils peu de difficultés pour pardonner l'usurpation du trône et ne se donnent pas la peine de rechercher les causes qui rendaient ce rôle impossible pour Bonaparte. Sans entrer dans cette recherche, je me bornerai à montrer avec quel enthousiasme la France, en 1815, après une seule année du règne réparateur de Louis XVIII, accueillit Napoléon à son retour de l'île d'Elbe.

Si la nation hésita si peu à se jeter dans les bras de l'empereur, à qui elle devait reprocher ses dernières infortunes ; qu'eût-elle fait quinze ans auparavant, lorsqu'elle n'avait pas encore cicatrisé les plaies du régime féodal, lorsqu'elle n'était pas encore épuisée par quinze longues années de guerres contre toute l'Europe ?

Quant au rôle de Washington, la pensée qu'il fût possible au général Bonaparte, prouve, chez ceux qui l'ont eue, une ignorance absolue de la constitution économique du peuple français et des habitants des Etats-Unis. Cette ignorance n'étonne nullement d'ailleurs, quand on voit où l'orthodoxie anglo-française a conduit les études économiques.

On a pu, grâce à quelque similitude dans les principaux événements, faire un rapprochement entre Napoléon et Cromwell. Les ressemblances ne sont que superficielles et pour des faits tellement identiques dans leurs causes qu'ils ne pouvaient différer beaucoup entr'eux dans leurs manifestations. Mais le célèbre protecteur ne s'èleva jamais au rôle de représentant de la Paysannerie anglaise, que les circonstances n'avaient pas d'ailleurs appelée à faire connaître sa force et sa volonté ; il ne fut que le chef de la bourgeoisie et ne lui imposa son despotisme monarchique que grâce aux nécessités du moment. Lorsque son bras de fer manqua, la bourgeoisie anglaise, qui n'avait pas osé rompre entièrement avec la féodalité, se laissa remettre sous le joug des Stuarts, et tout ce qu'elle put faire ensuite, se borna à concourir à l'avènement de la maison de Hanovre, en y mettant des conditions.

Le rôle que le fondateur de la dynastie napoléonienne avait à jouer, rappelait beaucoup plus que tout autre ce ui de Charlemagne. Il l'a senti lui-même et l'a en quelque sorte exprimé dans cette phrase du Préambule de l'Acte additionnel : *Nous avions alors pour but d'organiser un grand système fédératif européen, que nous avions adopté comme conforme à l'esprit du siècle, et favorable aux progrès de la civilisation.* C'était en effet ce qu'il fallait faire, mais en prenant pour base le triomphe du principe allodial, et en respectant l'idée de nationalité dont la valeur et la dignité étaient comprises autrement qu'au temps des Mérovingiens et des Carolingiens.

Si le passage que je viens de citer n'a pas été une de ces raisons que l'on trouve toujours après coup pour expliquer des faits accomplis que l'on ne comprend pas, si telle a jamais été la pensée du Premier Consul et de l'Empereur; on est obligé d'avouer qu'il a non-seulement été mal secondé par ceux qu'il appela aux fonctions supérieures pour l'y aider (ce qui ne serait pas étonnant, puisqu'ils appartenaient à une aristocratie qu'il devait comprimer), mais qu'il n'a pas su lui-même remplir la part du rôle qui lui revenait dans ce programme.

L'origine du pouvoir dont fut investi Napoléon Ier, la manière dont il s'en empara, dont il en usa, le titre qu'il prit, l'organisation de son gouvernement et de son administration, la gloire qu'il conquit sur les champs de bataille, offrent de profondes et incontestables analogies avec le rôle que jouèrent les premiers Césars dans l'Empire romain ; aussi n'ont-elles pas manqué de frapper tous les observateurs qui en ont tiré des conclusions, dictées souvent bien plus par leurs passions et leurs aspirations que par une critique complète et impartiale. Après avoir donné au règne de la dynastie napoléonienne le nom d'Ere des Césars, on a créé le mot de *Césarisme*, dont M. Littré donne ainsi la double définition dans son dictionnaire : *Césarisme :* domination des Césars, c'est-à-dire des princes portés au gouvernement par la démocratie, mais investis d'un pouvoir absolu. — Théorie de ceux qui pensent que cette forme de gouvernement est la meilleure.

Le même savant s'exprime autre part, d'une façon plus explicite et plus complète, en ces termes :

« De notre temps, on a créé le mot césarisme pour désigner par là une domination qui, comprimant la liberté, donne, par compensation, une certaine satisfaction aux intérêts de la démocratie. Acceptons ce rapprochement du césarisme ancien et du césarisme moderne, et suivons les deux termes qu'il renferme : plèbe et liberté. La plèbe romaine acheva de périr sous le césarisme ancien ; la plèbe française (je me sers ici forcément de ce mot antique) n'en a pas moins grandi socialement et politiquement sous le césarisme moderne, comme auparavant. La liberté romaine a été irrévocablement vaincue par le césarisme ancien ; la liberté française, frappée par le césarisme moderne, n'a point été vaincue. Quand Napoléon Iᵉʳ, nouveau César, mais chétif César que les Labienus et les Pompée de son temps ont mis deux fois en captivité, s'empara de la dictature, il lui fallut inscrire, dans ses constitutions, des principes et des libertés dont sans doute il fit une lettre morte ; mais ces libertés et ces principes, tout muets qu'ils furent, le troublaient tout absolu qu'il était, attendant sa chute inévitable, et recevant de lui dans sa dernière détresse un hommage qui montra la vanité et l'inconsistance de sa rétrograde et meurtrière politique.

« Vraiment le césarisme moderne se fait tort en se mettant sous la recommandation du césarisme ancien ; et la situation le force à mieux valoir. En effet, une science qui croît incessamment ; une raison publique qui se perfectionne par la science ; une politique sur laquelle cette raison gagne graduellement de l'ascendant ; une démocratie puissante ayant des idées et des intérêts qui sont sa vie ; une Angleterre, une France, une Italie, une Allemagne, une Espagne, en un mot une Europe où tout se supplée et se balance ; voilà ce qui manquait au peuple romain, et voilà ce qui pousse le monde moderne dans une même voie et ce qui limite les oscillations. » (E. Littré. *Etudes sur les Barbares et le Moyen-Age*, introduction, page XIV.)

Outre que ce qui précède est ce que j'ai lu de meilleur sur cette question, l'estime que je professe pour un des esprits les plus éclairés et les plus droits de notre époque m'impose le devoir de discuter cette appréciation, ce qui me procure d'autre part le moyen de justifier mes propres opinions.

La force avec laquelle M. Littré insiste sur la liberté et sur son opposition avec la plèbe, m'oblige à dire d'abord que M. Littré ignore complètement le vrai sens de ce grand mot de *Liberté ;* qu'il n'en a pas trouvé la véritable étymologie, qu'il n'en a pas approfondi l'histoire ; qu'il ne connait par conséquent ni l'origine de ce mot, ni les variations qu'il a éprouvées encore plus que dans sa forme, dans sa signification et dans ses applications. J'insiste aussi sur ce point, parce que des études que je pense soumettre un jour au jugement du public, m'ont conduit à voir dans la *liberté*, une fonction créée, dans l'origine, au sein même de la famille, pour faire contre-poids à l'*autorité* du *père (auctor)* et confiée à ses *fils (liberi)*. La *liberté* et l'*autorité* sont donc deux termes destinés à désigner deux fonctions antagonistes et indispensables l'une à l'autre. En même temps que la famille est devenue la tribu, la cité, la nation, la société enfin ; les deux termes *liberté* et *autorité* ont pris le même développement et conservé leurs rôles respectifs. Aussi l'autorité a-t-elle été longtemps la fonction de ceux qui remplissaient dans des groupes plus ou moins nombreux, le rôle du père dans la famille, c'est-à-dire de ceux qui gouvernent, qui administrent à quelque titre, à quelque degré que ce soit ; par contre, la liberté a été attribuée à ceux

qui sont gouvernés et administrés, et qui ont toujours le droit
(qui n'a pas toujours été respecté) de veiller à ce que l'autorité
ne soit pas exercée au profit exclusif de ceux qui en sont chargés, mais pour l'avantage de toute la collectivité. Les moins
mauvaises des innombrables définitions du mot *liberté*, que
l'on trouve dans les dictionnaires, y compris celui de M. Littré,
ne donnent que le sens des diverses manières dont la fonction
de liberté s'est manifestée, suivant les temps et les lieux. Cela
explique pourquoi ce mot, mal compris, a été si fréquemment
retourné contre ceux même qui étaient chargés de la fonction
qu'il désigne, et notamment par M. Littré, dans le passage
précité, où il met en opposition avec la liberté, la plèbe qui a
été investie, dès le début, à Rome, et toujours ensuite, des
droits qu'elle confère et a constamment considéré leur revendication comme le premier de ses devoirs.

L'antagonisme n'est donc pas entre la liberté et la plèbe
d'aucun temps, ni d'aucun pays, mais entre la plèbe et le
patriciat (je me sers ici forcément aussi de ce mot antique) c'est-à-dire ceux qui ont l'autorité, sous quelque
forme qu'elle soit exercée, de quelque manière qu'elle soit
dissimulée, quelles que soient l'importance, la nature, la composition du groupe d'hommes où une administration est nécessaire et est confiée à un nombre plus ou moins grand de ses
membres.

Jusqu'à la constitution du Droit des gens moderne, — et ce
n'est pas bien ancien, puisque ses premières ébauches pour la
société européenne ne datent que des traités de Westphalie,
en 1648, — l'autorité et l'administration étaient confondues
et semblaient inséparables. Ce n'était pas bien étonnant, l'état
de guerre au moins latente, était en permanence entre les
nombreux groupes de cette société. Il en résultait pour ceux
qui en étaient administrateurs, une responsabilité si grande,

qu'il était nécessaire que l'initiative dans les affaires tant intérieures qu'extérieures, leur fût abandonnée sans réserve, aussi bien que leur direction ; ce qui constitue au fond, l'autorité. Mais lorsque les peuples commencèrent à ne plus voir des ennemis dans ceux qui n'étaient pas soumis aux mêmes administrateurs, ceux-ci perdirent nécessairement de leur autorité, en même temps qu'ils virent diminuer leur responsabilité.

Leurs intérêts propres, leurs caprices, qu'ils mettaient trop souvent au-dessus des besoins, des intérêts des administrés, ne furent plus admis comme suffisants pour justifier la direction qu'ils voulaient donner à la nation. L'initiative leur échappa pour passer à l'ensemble de la nation, et celle-ci reconquit ainsi d'une façon plus ou moins formelle sa *liberté*, c'est-à-dire l'exercice de cette fonction, qui lui appartient essentiellement et lui confère le droit et le devoir d'exiger que l'*autorité* soit exercée à son profit, et non plus seulement au profit de ceux qui se sont saisis de ses moyens de manifestation, c'est-à-dire de toutes les branches politiques, civiles, judiciaires, militaires, religieuses, financières de l'administration, ainsi que des économies de l'agriculture, des industries et du commerce, et qui prétendent s'y retrancher pour exploiter le reste de la nation.

Ceux qui avaient contracté la douce habitude de faire servir les forces de la nation à la satisfaction de leurs intérêts, et qui avaient, à cette fin, créé la funeste confusion des fonctions administratives et de l'autorité qu'ils prétendaient posséder à divers titres, — tels que le service des autels, la naissance, la richesse, ou tout naïvement la supériorité d'instruction qui leur facilitait l'emploi de leur intelligence à des travaux spéciaux, sans qu'elle eût besoin d'être plus forte que celle des autres, — toutes ces gens trouvèrent très-inconvenantes les prétentions de la population, qu'ils ne s'imaginaient pas aussi clairvoyante ; d'autant plus qu'ayant pris la charge de pourvoir à son instruction, ils ne s'étaient point hâtés de s'en acquitter.

Des prétentions des administrés à revendiquer la *liberté*, et de celles des administrateurs à la leur refuser (en quoi ceux-ci obéissaient à leurs intérêts propres, qui leur défendaient de consentir à la distinction entre l'*autorité* et leurs fonctions, ce qui eût fort amoindri celles-ci et leur importance), il résulta des difficultés pour s'entendre, d'autant plus grandes que tout venait de malentendus qui avaient créé des sources de profits que ne voulaient pas perdre ceux qui en jouissaient ; d'autant plus que ceux qui en avaient les parts les moins légitimes faisaient entendre aux autres que la conséquence immédiate de la revendication des administrés était la suppression de tous les parasitismes, en masse et sans tenir compte des erreurs de bonne foi, des indemnités qu'elles comportaient, et surtout des conditions économiques : toutes causes dont la réunion faisait une nécessité des attermoiements, et obligeait de recourir au temps pour réaliser successivement et à propos, toutes les réformes, toutes les rectifications de comptes, toutes les liquidations.

Cependant, après bien des contestations, bien des luttes, même sanglantes, on arriva à des accommodements, à des transactions, à des concessions réciproques qui furent consignés dans des traités d'organisation politique intérieure, que l'on appela constitutions, chartes ou autrement, toujours susceptibles de perfectionnement. De telle sorte que les fameux Traités de Westphalie ont inauguré non-seulement l'ère du Droit des gens européen, mais encore celle des Constitutions.

Mais je m'aperçois que je parle au passé de choses qui sont

encore au futur, pour bien des peuples. Je prie les grammairiens d'excuser mon erreur et de la corriger.

Bien de ces changements ne sont plus cependant au futur pour la nation française. Dans celle-ci en effet, une première constitution anéantit les prétentions à l'autorité fondées sur la naissance et le service des autels et ne laissa subsister que celles fondée sur la richesse et l'intelligence, qui se trouvèrent immédiatement en opposition avec celles de la masse plébéienne réclamant toujours l'exercice de sa fonction de liberté et ses conséquences.

Deux tentatives d'accommodement entre la plèbe et le patriciat français, c'est-à-dire deux constitutions avec la forme polyarchique, ayant échoué et prouvé que les prétentions de l'aristocratie de richesse et d'intelligence (ce qui constituait alors ce que j'appelle, par analogie, le patriciat français) étaient hostiles à la liberté; le peuple revint à la forme monarchique et investit de la fonction de défenseur de ses intérêts (*tribunus plebis*), un seul homme à qui il donna toute la force dont il disposait. Le peuple français suivit donc, en créant la dictature impériale, la même conduite que la plèbe romaine; les mêmes causes produisant les mêmes effets.

Je n'ai pas la prétention de dire qu'en agissant ainsi, le peuple français ait fait ce qu'il y avait de mieux à faire; je dis seulement qu'il fit ce qui lui était possible avec sa part d'instruction et de richesse. En se donnant, comme la plèbe romaine, un chef unique, il pouvait aussi aboutir à un véritable suicide; mais, de ce qu'il fut plus heureux, il ne faut pas conclure qu'il fut plus sage. Pour lui, comme pour la plèbe romaine, il y avait une nécessité impérieuse, celle de se soustraire, par n'importe quels moyens, à la tyrannie de l'aristocratie; il n'en avait qu'un à sa disposition, c'était de confier ses forces à un dictateur qu'il opposait ainsi, à son lieu et place, à ses ennemis. Il n'hésita pas à le faire ; et malgré les fautes et la fin désastreuse de son mandataire, il n'a pas trop eu à s'en repentir, si l'on en juge par son état présent.

L'immensité du pouvoir que donnait à Napoléon, l'acte public et authentique qui mettait entre ses mains toutes les forces du peuple français, a produit un effet sur lequel tous les observateurs se sont trompés : c'est qu'il en résultait un absolutisme despotique, avec lequel l'aristocratie allodiale dut entrer en lutte pour ne pas perdre jusqu'aux derniers restes des avantages qu'elle avait recueillis dans la chute de la féodalité. Cela occasionna un changement de rôle plus apparent que réel qui a trompé M. Littré lui-même. Devant l'omnipotence de la force démocratique concentrée en un seul homme et maîtresse ainsi de l'autorité supérieure, l'aristocratie fût obligée de revendiquer sa part de droits, et se trouva accidentellement chargée de la fonction de liberté, pour ce qui la concernait seule. D'autres circonstances firent qu'après la chute de l'Empereur, elle conserva, au bénéfice de tout le parti allodial, cette fonction pour lutter contre les prétentions des féodaux ; aussi lui en est-il resté l'habitude de croire, lors même qu'elle combattait les réclamations des démocrates, de la plèbe, qu'elle était seule la vraie et parfaite représentation des intérêts de la Nation, et qu'elle était chargée exclusivement de la défense de sa liberté. De là à ne considérer la fonction de liberté qu'à son point de vue exclusif, il n'y a qu'un pas, qui ne resta point longtemps sans être franchi. Aujourd'hui donc l'aristocratie allodiale, tout en ayant en main les fonctions administratives avec lesquelles elle confond l'autorité, affiche, sous le nom de libéralisme, des prétentions à se charger entièrement des devoirs et des droits de la fonction de liberté, et veut en outre faire croire qu'elle s'en acquitte au bénéfice de ceux contre qui elle est réduite à exercer son despotisme bureaucratique et son avidité de capitaliste.

Ce qui prouve mon assertion, c'est que les diverses constitutions qui ont suivi le 18 Brumaire, n'ont eu pour objet que de sauvegarder les conquêtes de cette aristocratie, et leurs modifications n'ont abouti, le plus souvent, qu'à lui accorder de nouveaux avantages. — Dans les constitutions impériales, sa part fut mince, excepté dans l'Acte additionnel. Dans la Charte de 1814, la défaite de la démocratie allodiale dans la personne de son mandataire, fut constatée par la création d'un cens électoral qui excluait du droit d'influer sur les décisions du pouvoir, tout ce qui n'appartenait pas notoirement à l'aristocratie de richesse. Dans la Charte de 1830, on crut faire une grande concession aux exigences démocratiques, en abaissant le cens électoral à un chiffre qui excluait encore du *pays légal*, comme on ne craignit pas de le qualifier, tout ce qui était plébéien. La Constitution de 1848, tenue de faire la part de la démocratie, ne put s'empêcher d'admettre le suffrage universel ; mais, moins de deux ans après sa promulgation, la loi du 31 Mai 1850 enlevait le droit de vote à une catégorie de citoyens dans laquelle on fit entrer trois millions de Français, *un tiers du total*, grâce à une interprétation savante qui laissait encore le champ libre à de nouvelles éliminations.

Or, comme M. Littré met en opposition les deux termes de *plèbe* et *liberté*, et donne à entendre que le triomphe de la première à Rome fut un signal de mort pour la seconde ; je lui demanderai si cette manière de comprendre et de pratiquer les devoirs et les droits de la fonction de liberté, est celle qu'il appouve. Si oui : qu'il le dise, et nous saurons qu'il y a dans une nation, une fraction plus ou moins forte, constituant souvent la majorité numérique, appelée à participer aux charges mais non aux avantages. Si non : quelle opposition y a-t-il entre les deux termes *plèbe* et *liberté ?* Que devient toute la tirade que je viens de citer ?

Je ne saurais trop le répéter : l'opposition n'est pas entre liberté et plèbe; elle est entre patriciat et plèbe, entre aristocratie et démocratie, entre usufruitiers de fiefs et propriétaires d'alleus, entre capital et travail. La plèbe romaine, après avoir vaincu le patriciat romain sur les champs de bataille et sur le terrain politique, ne put le vaincre sur le terrain économique, le capital était resté entre les mains de ses adversaires; le travail, son arme spéciale, lui eût fourni des ressources suffisantes pour remporter une nouvelle victoire, si elle n'eût rencontré la concurrence des esclaves et des affranchis des patriciens. La plèbe romaine succomba; mais elle entraîna dans sa ruine le patriciat romain dont il ne reste plus de trace, à moins que l'on consente à en trouver dans le haut clergé des cultes chrétiens, ce qui est plus vrai qu'on se l'imagine généralement

La démocratie française, victorieuse sur le terrain politique, n'a pas été vaincue sur le terrain économique, parce qu'elle pouvait opposer, à son adversaire armé du capital, une arme qui lui appartenait toute entière, le travail; ce qui lui a permis de triompher et de constituer comme le dit fort justement M. Littré: « *une démocratie puissante ayant des idées et des intérêts qui sont sa vie.* » Aussi, la liberté française, c'est-à-dire la démocratie, loin d'être vaincue par le césarisme moderne, s'en fait un instrument contre les prétentions de l'aristocratie; sauf à le jeter au loin lorsqu'elle n'en aura plus besoin, ou à le briser, s'il se retourne contre elle.

M. Littré fait en outre, entre Napoléon Ier et Jules-César, un parallèle où il donne l'avantage au dernier. Je m'inquiète fort peu, au fond, que la supériorité reste à l'un ou à l'autre, à quelque point de vue que ce soit ; mais comme l'un et l'autre furent les instruments de la plèbe de leur temps et de leur pays, et n'eurent de valeur qu'à ce titre ; je crains que l'on veuille conclure de la différence de leur fortune, une différence d'énergie dans ce qui fut leur force motrice, dans la plèbe romaine et dans la démocratie française. Mais qu'ai-je besoin de réclamer pour celle-ci ? M. Littré et les faits répondent surabondamment.

L'état de la fraction démocratique des allodiaux français, — c'est-à-dire l'éparpillement des paysans, la sujétion des ouvriers des villes vis-à-vis du capital, le défaut d'instruction chez les uns et chez les autres, — lui faisait donc, comme à la plèbe romaine, une nécessité absolue de recourir à la forme monarchique pour sauvegarder ses droits. Elle s'y décida et continuera de même, tant que les prétentions égoïstes de la fraction aristocratique et sa conduite lui inspireront des craintes pour sa propre indépendance. Et elle a raison : il lui est mille fois plus facile de trouver, un jour ou l'autre, un homme qui comprenne les devoirs du rôle qui lui est offert, et que, dans l'intérêt de sa puissance et de sa gloire, dans celui de sa dynastie, s'il aspire à en créer une, il lui convient de défendre la cause démocratique, que de convertir les aristocraties du capital et de l'intelligence à l'abandon de leurs prétentions, surtout quand on voit l'exemple que leur donnent la Noblesse et le Clergé.

La ressemblance entre les empereurs français et ceux de Rome est donc dans les causes mêmes de leur avènement au pouvoir. Ce serait une erreur de la nier ; mais ce serait une faute de ne pas reconnaître les différences de situation des deux partis en lutte, à Rome et en France, si l'on veut faire un argument contre le césarisme français, des destinées du césarisme romain. Entre l'aristocratie et la démocratie françaises du XIXme siècle, et les patriciens et les plébéiens de Rome au temps de Jules-César, il y a beaucoup plus de différences, à tous les égards, qu'entre ceux-ci et les patriciens et les plébéiens du temps de Tarquin, auxquels ils ressemblaient si peu, comme on le sait. C'est ce qu'il ne faut pas dissimuler si l'on veut faire une comparaison complète et loyale et non pas des figures de rhétorique.

La défense, à l'intérieur, de la démocratie française et, à l'extérieur, de la nation allodiale, constituait donc pour celui que l'on chargeait de son organisation et de sa direction une fonction immense avec une lourde responsabilité. On ne devait pas, en conséquence, lui disputer les moyens. C'est ce que fit la nation en lui confiant l'autorité suprême d'une façon exclusive, et en la lui assurant non-seulement pour la vie, mais encore pour sa postérité, puisqu'il paraissait le croire nécessaire. Mais ce que ne devait pas oublier celui qui voyait rétablir en sa faveur la forme monarchique, c'est que tout son pouvoir ne portait pas atteinte à son caractère essentiel, de n'être qu'un mandat à l'exécution duquel il devait se consacrer; qu'à ce titre, la nation était toujours en droit de le lui retirer dès qu'il la subordonnerait à sa personnalité, et qu'elle était toujours assez forte pour le faire.

Je n'ai pas besoin de dire que Napoléon Ier commit la faute d'oublier qu'il n'était que mandataire. Je veux bien croire qu'il ne sut pas, qu'il ne put même pas faire autrement. Toujours est-il que la force qu'il donna à l'aristocratie bourgeoise, en lui confiant une administration renforcée à plaisir, se tourna contre lui, comme cela devait arriver; que l'organisation féodale qu'il prétendit donner à l'Europe, au profit de sa famille et de sa dynastie tourna contre lui les allodiaux de l'Europe et le rendit même suspect aux allodiaux français, comme cela devait arriver encore. Que pouvait-il en résulter ; sinon le retrait de son mandat et une chute d'autant plus effroyable qu'il avait été élevé plus haut ?

La catastrophe de son mandataire n'eut pas lieu sans porter un coup terrible à la démocratie allodiale française épuisée par le sacrifice de tant d'hommes, sa meilleure force ; aussi laissa-t-elle ses adversaires féodaux et allodiaux se disputer ses dépouilles. Mais en se mettant, en quelque sorte, hors de la lice, elle continua la poursuite de son but par d'autres voies, où elle réalisa de grands progrès ; ce qui ne l'empêchait pas de peser de tout son poids sur les événements.

La féodalité crut pouvoir reprendre en France son ancienne prépondérance.; la leçon que lui donna le retour de l'Ile d'Elbe fut comprise par Louis XVIII, mais non par Charles X, qui expia son aveuglement dans l'exil. L'avènement de Louis-Philippe fut un triomphe dont l'aristocratie allodiale prétendit se réserver les bénéfices au risque de faire échouer la révolution de **1789**. La Révolution de **1848** vint anéantir toutes les espérances de la bourgeoisie et rendre à la démocratie une prépondérance qu'elle n'a pas perdue et dont elle profita pour rétablir la forme monarchique encore nécessaire à cause de l'incorrigible aristocratie allodiale.

De **1789** à **1848**, il s'était opéré bien des changements dans le rapport des forces des deux grands partis allodiaux.

Les paysans avaient conquis, surtout depuis **1815**, une notable partie de la propriété foncière, et avaient ajouté aux forces qu'ils puisaient dans leur nombre et dans leur travail, celles d'une partie du capital, celles aussi de l'expérience et de l'instruction. — Les ouvriers des villes, dont la situation était moins avantageuse, avaient peut-être fait moins de progrès matériels, mais leurs progrès moraux et intellectuels étaient immenses. Une plus grande part leur avait été faite dans l'instruction. Le désir d'améliorer leur sort, leur avait fait croire à la possibilité d'y parvenir par des moyens utopiques, dont l'impuissance une fois démontrée fut une leçon utile ; et les rêveries de Fourier, de Cabet, de M. Louis Blanc, et de tant d'autres, leur firent acquérir une expérience dont ils apprécient maintenant la valeur.

Les féodaux ne firent que dépérir ; désormais le sol français qu'ils avaient abandonné ne leur convenait plus.

L'aristocratie allodiale ou, comme on l'appelle, la *Bourgeoisie*, lutta avec plus d'énergie. Appuyée sur les fonctions administratives et sur le capital, à la tête de tous les allodiaux quand il fallait lutter contre les restes des féodaux, elle eut des moments de triomphe qu'elle crut souvent pleins d'avenir. Au travail des prolétaires, elle opposa celui des machines qui remplaçaient pour elle les esclaves et les affranchis des patriciens romains ; et je ne doute pas que si elle eût trouvé dans la consommation intérieure un aliment suffisant pour son activité, elle ne fût parvenue à conquérir la suprématie et le pouvoir. Mais cette consommation était limitée par des causes naturelles que j'ai déjà indiquées ; la consommation extérieure n'avait nul besoin de ses services ou ne les acceptait qu'à des conditions de réciprocité qui en réduisaient les profits. La bourgeoisie se trouvait donc encore limitée, à peu près, à l'exploitation du budget avec ses annexes et aux produits du capital. La République de 1848 la trouva, comme celle de 1792, en proie à une division causée par la difficulté de contenter tous ses membres à l'aide de ces ressources insuffisantes pour satisfaire tous les appétits.

C'est dans de pareilles conditions que fut rédigée la Constitution de 1848, où l'aristocratie polyarchique, qui s'était chargée de la besogne, commit la faute, dont profita la démocratie monarchique, de confier le pouvoir exécutif à un mandataire unique.

L'élection du premier Président de la République, qui devait être faite par le suffrage universel et direct, fut donc un moyen, pour les divers partis qui divisaient la Nation, de mesurer leurs forces numériques à l'exclusion des autres. La démocratie allodiale y trouva une occasion pour procéder à un recensement que son état d'éparpillement sur le sol et l'insuffisance de tout autre procédé lui avaient jusqu'alors rendu impossible. Je suis convaincu, pour ma part, que ce fut le premier motif de son choix entre tous les candidats qui se mirent sur les rangs. Elle ne se doutait probablement pas qu'elle fût assez nombreuse pour assurer la majorité à son élu et lui ouvrir la carrière qu'il devait parcourir. Pour un vote fait avec cette idée, il lui fallait ne pas disséminer ses voix et en même temps trouver un candidat qui n'appartînt à aucun des autres partis. Le hasard l'a favorisée en lui offrant un neveu de celui qu'elle avait, cinquante ans auparavant, chargé de la défense de ses droits.

Aucun des autres candidats ne réunissait au même degré les conditions requises.

Le général Cavaignac avait les mérites d'un homme de guerre capable de défendre contre l'étranger le nouveau triomphe des allodiaux; mais il avait montré pendant cinq mois une telle déférence pour l'Assemblée constituante, que l'on ne pouvait plus attendre de lui l'énergie nécessaire pour lutter contre l'aristocratie dont toute assemblée délibérante est naturellement l'organe. Sa victoire sur les insurgés de Juin, au milieu de Paris, valait bien le 13 Vendémiaire ; mais, par malheur, il avait combattu la démocratie tandis que le général Bonaparte n'avait eu en face de lui qu'une aristocratie commandée par un émigré, un féodal. Enfin il était le candidat de la bureaucratie, de la finance, du capital : c'était suffisant pour le faire rejeter.

M. Ledru-Rollin avait bien des qualités : il était démocrate, mais les paysans et les ouvriers ne comprenaient rien à sa démocratie qui ne voulait pas voir, sous le mot de *socialisme*, des aspirations bien moins exigeantes en réalité qu'en apparence. Il n'était pas homme de guerre, condition essentielle pour le peuple qui voyait un monarque sous le titre de Président. Il était avocat, c'était un motif d'exclusion pour les paysans qui avaient vu les légistes à l'œuvre sous le règne des Bourbons et des Orléans, et n'en avaient pas gardé un bon souvenir. M. Ledru-Rollin ne pouvait donc être que le candidat des fervents partisans de la forme polyarchique avec des tendances démocratiques, et de tous ceux qui voyaient dans son élection le moyen de prendre part au gâteau budgétaire ; et ces derniers étaient peut-être les plus nombreux. Qu'est-ce que la démocratie allodiale avait de commun avec ces gens là ? Elle demandait non un changement, mais une grande diminution dans le personnel des budgétivores.

Raspail : La démocratie ne comprenait pas ce savant, qu'elle ne connaissait guère que par son camphre ; Proudhon ne dissimula pas, en soutenant sa candidature, qu'il en faisait une protestation contre la Présidence.

M. de Lamartine : Que pouvait faire de ce poète, la démocratie ? La bourgeoisie l'avait délaissé pour Cavaignac ; il ne s'agissait pas, en pareille occurence, de ramasser ses rebuts, comme en matière de modes.

Le général Changarnier :... Je ne sais d'où lui viennent les cinq mille voix qu'il a recueillies ; à moins que quelques féodaux aient voulu se compter, comme on l'a prétendu.

Les quatre premiers de ces candidats appartenaient exclusivement à la fraction citadine des allodiaux. Les suffrages que chacun d'eux recueillit peuvent montrer les forces respectives de ses divers éléments. Sous le nom'de Cavaignac, se rallièrent les gens en place, l'aristocratie *honnête et modérée*, comme elle se qualifiait, dont une minime partie resta fidèle à Lamartine. Sous celui de Ledru-Rollin, se groupèrent les ambitieux à satisfaire, les démocrates avancés, les *rouges*, dont quelques-uns plus foncés en couleur prirent Raspail pour drapeau. Mais aucun d'eux ne pouvait convenir aux paysans.

L'absence de guerre avec l'Europe et la prudente conduite (pour ne pas dire autre chose) de l'aristocratie citadine n'avaient laissé poindre aucune originalité puissante : les paysans se virent réduits à demander le nom de leur candidat aux souvenirs de la première Révolution. Le choix qu'ils firent du neveu de l'Empereur leur fournit le moyen, de se compter d'abord, puis d'indiquer à leur manière, malheureusement trop énigmatique, la direction qu'ils désiraient voir donner à la Nation. Ce qu'ils voulaient sans doute, c'était l'ancien Empereur ; car leur idée étant immortelle, son représentant devait l'être aussi ; ils le voulaient investi de cette puissance tribunitienne qu'ils lui avaient donnée jadis, et qui devait être utilisée à leur défense. Tout au plus espéraient-ils qu'il se serait mieux instruit de son rôle, à Sainte-Hélène qu'à l'île d'Elbe. En tout cas, le succès de leur candidat était toujours une garantie pour eux ; quoiqu'il fît au pouvoir, il ne pouvait pas les sacrifier à leurs adversaires, sans signer sa propre déchéance.

Les dépenses et les démarches de Louis-Napoléon Bonaparte n'eurent, en présence de cette entente, que l'utilité assez secondaire d'apprendre aux électeurs qu'il était le seul du nom de Bonaparte qui se portât candidat, et comment le bulletin de vote devait être rédigé pour qu'il fût légal et valable.

L'étonnement fut grand dans les villes, lorsque le dépouillement du scrutin fit connaître pour qui la majorité s'était prononcée. Les trois-quarts des votants, plus de la moitié des électeurs inscrits proclamaient leur volonté en faveur de Louis-Napoléon Bonaparte. Devant une manifestation aussi formelle et aussi puissante, toutes les oppositions durent s'incliner, et l'élu des paysans monta sur le siége présidentiel.

Lorsque, trois ans plus tard, le Président de la République fit un appel à la Nation pour savoir si elle approuvait le Coup d'Etat, tous ceux qui avaient voté pour lui, en 1848, ratifièrent son acte. Ils furent imités par ceux qui avaient voté pour Cavaignac, toujours prêts à se rallier au plus fort, sauf à en tirer parti. Les partisans des autres candidats répondirent à la violation de la Constitution par un vote désapprobateur; mais que pouvait leur infime minorité devant l'approbation des neuf-dixièmes de la Nation.

On a prétendu que la Nation n'était pas libre alors, et qu'elle ne pouvait qu'accepter le fait accompli. Mais, encore une fois, qu'eût fait le Président de la République si les cinq millions et demi d'électeurs qui l'avaient acclamé en 1848, se fussent révoltés contre l'illégalité de la forme et lui eussent répondu par un vote négatif?

Que l'on reconnaisse donc enfin que ceux qui avaient voté, en 1848, pour un neveu de l'Empereur, ne l'eussent-ils faits que dans le but de se compter, ne pouvaient qu'être enchantés de voir leur élu accepter la mission de défendre leurs intérêts, et en prendre l'engagement par son coup d'Etat. Au lieu d'avoir à attendre de nouvelles crises pour leur révéler un homme qui comprît leur force et eût le courage de se dévouer à leur cause, ils voyaient celui même qui leur avait servi à se compter, leur offrir de remplir cette mission. Pouvaient-ils s'y refuser, quand il était en position de le faire sans qu'il fût besoin de longs efforts ? Eh quoi! ils l'y poussaient depuis qu'ils avaient voté pour lui ; et pour de vains scrupules de légalité que, depuis le serment du Jeu de Paume, l'aristocratie allodiale leur avait appris nombre de fois à négliger, ils auraient laissé échapper une aussi belle occasion! A quoi bon se compter en 1848 ?

Les coupables, dans cette circonstance, sont ceux qui, ayant, en 1848, abandonné Lamartine pour Cavaignac, votaient encore pour celui qui était au pouvoir, quelque fût son nom, en dépit d'une opposition de trois années.

Lorsqu'un an après, le Président à qui l'on avait confié le pouvoir pour dix ans, jugea convenable de pousser jusqu'au bout l'imitation de son oncle pour demander le titre d'Empereur et l'hérédité dynastique ; ses anciens électeurs ne lui refusèrent pas cette satisfaction ; ses nouveaux adhérents s'empressèrent d'applaudir et de faire preuve de zèle : et l'Empire fut vôté par les mêmes. De ceux qui avaient émis un vote désapprobateur pour le coup d'Etat, le plus grand nombre s'abstint de renouveler une opposition inutile, et laissa au temps le soin de montrer s'ils avaient eu tort.

Depuis, dans toutes les élections pour le Corps législatif, les électeurs de 1848 continuent à voter en majorité pour les candidats, quels qu'ils soient, présentés au nom de leur mandataire. C'est pour eux une manière de continuer leur mandat ; ils agiront de même tant que l'opposition restera ce qu'elle est : ils sont en passe de ne pas changer de conduite de longtemps. Cependant les ouvriers des villes, obéissant au tempérament des populations citadines, ont commencé dans quelques endroits à voter avec l'opposition, sans prendre garde qu'ils ris-

quent *de se donner aux yeux des allodiaux l'apparence de sol-
dats du fief.* (Proudhou, *de la Capacité,* etc. p. 30). J'aimerais
mieux les voir suivre le sage conseil donné par l'auteur que
je viens de citer, et déposer dans l'urne un bulletin blanc.

IV

CONCLUSION.

Le décret de la Nuit du 4 Août, expression des *principes de
89,* en abolissant le système féodal, prononça du même coup
la déchéance de la dynastie capétienne fondée sur ce système
et solidarisée avec lui, comme le prouvèrent la mort de
Louis XVI, la chute de Charles X et celle de Louis-Philippe.
La Nation française, rentrée en possession de sa liberté et de
ses droits, eût alors à se donner un gouvernement compatible
avec le système allodial. Elle avait à choisir entre la forme
polyarchique et la forme monarchique : la première était certainement préférable à tous les égards ; mais ceux à qui elle
convenait le plus la rendirent, par leurs prétentions égoïstes
et leurs fautes, suspecte et antipathique au reste des Français
qui, se trouvant constituer l'immense majorité, rétablirent la
forme monarchique, deux fois en moins d'un demi-siècle.
Voilà la justification des votes de deux générations. — L'auteur de la brochure : *Les titres, etc.,* a donc pu s'écrier avec
quelque raison : « Spectacle unique dans l'histoire, à cinquante
ans de distance, à travers tant d'événements qui l'ont compri-
mée, la volonté populaire, comme un fleuve longtemps dis-
paru dans les sables, rejaillit des couches profondes de la société et reprend son niveau d'indépendance et de grandeur
nationale. Le plébiscite de 1852 répond comme un écho au

plébiscite de 1804. (p. 40.) » Mais il me semble qu'il eût bien pu en chercher la cause et m'éviter ainsi la peine que j'ai prise.

On me demandera peut-être si Napoléon III remplit sa mission. — A cette question je répondrai par une autre : Pourquoi l'Empereur des Français a-t-il fait publier : LES TITRES DE LA DYNASTIE NAPOLÉONIENNE ?